Desvendando o

NOSSO LAR

Universo dos Livros Editora Ltda.
Rua Haddock Lobo, 347 • 12º andar • Cerqueira César
CEP: 01414-001 • São Paulo • SP
Telefone: (11) 3217-2600• Fax: (11) 3217-2616
www.universodoslivros.com.br
e-mail: editor@universodoslivros.com.br

Luis Eduardo de Souza
Autor do *best-seller* ***O Homem que Falava com Espíritos***

Desvendando o NOSSO LAR

São Paulo
2010

UNIVERSO DOS LIVROS

Diretor Editorial Luis Matos | **Arte** Fabiana Pedrozo e Stephanie Lin | **Assistente Editorial** Noele Rossi e Talita Gnidarchichi | **Preparação** Juliana Mendes | **Revisão** Jaqueline Carou | **Capa** Zuleika Iamashita

Dados Internacionais de Catalogação na Publicação (CIP)
(Câmara Brasileira do Livro, SP, Brasil)

S729d Souza, Luis Eduardo.

Desvendando o Nosso Lar / Luis Eduardo de Souza. – São Paulo : Universo dos Livros, 2010.
160 p.

ISBN 978-85-7930-126-1

1.Não-ficção. 2. Espiritualismo. I. Título.

CDD 133.9

"Existe um lugar que muitos imaginam... Alguns falam a respeito...
Mas que todos um dia vão conhecer..."

SUMÁRIO

Sumário

Sobre o autor

Luis Eduardo de Souza é jornalista e escritor. Com forte atuação no movimento espírita, há alguns anos estuda o Espiritismo e trabalha como médium, expositor e conferencista. É autor do livro *O homem que falava com espíritos*, biografia de Chico Xavier, e colaborador de diversas revistas espíritas.

Agradecimentos

Aos leitores que adquiriram o meu livro anterior, *O homem que falava com espíritos*, que ocupou por seis semanas seguidas o ranking de "Mais Vendidos" da revista *Veja*, trazendo-me enorme alegria pela repercussão positiva do trabalho e motivando-me a escrever esta segunda obra.

À equipe editorial da Universo dos Livros e aos seus colaboradores, que foram fundamentais na produção deste livro.

Aos meus pais José Dagoberto e Benedicta, fãs e incentivadores do meu trabalho.

À Pauline, companheira de hoje, amanhã e sempre.

Prefácio

"Há muitas moradas na casa de meu pai."
João, 14:2

Um simples olhar para o céu pode fazer-nos vislumbrar nossa pequenez perante a imensidão do Universo e imediatamente trazer à nossa mente questionamentos como: de onde vim, para onde vou e qual a razão de estar aqui.

Também podem vir à nossa mente questionamentos sobre a origem de tudo o que nos cerca e sobre a possibilidade de uma força criadora ter nos permitido a vida, mesmo sem ainda entendermos claramente os porquês dessa criação.

Não foram poucas as vezes em que me peguei meditando sobre esse tema. De formação católica, sempre julguei pouco racional a ideia do "morreu, acabou". Tão pouco fez sentido a ideia de existir um céu, um inferno e um purgatório...

Deus seria injusto se punisse alguém que fez algo de errado colocando como castigo queimar eternamente no inferno, sem dar uma oportunidade de se redimir do erro. Nesse cenário, bastaria somente um erro para sacramentar o destino de cada um.

Isso sem falar das crianças que morrem ainda em idade tenra e que já teriam seu destino sacramentado, por vezes, com poucos dias de vida.

Da mesma maneira, sempre me pareceu insensato pensar em um céu onde anjos e humanos convivessem num bucolismo quase tedioso, em que o melhor passatempo fosse meditar e tocar harpas deitado em uma rede. Confesso que esse céu parecia tão chato, que, muitas vezes, o inferno sombrio e perigoso atraía mais a minha atenção.

A ideia de poder ficar sentado ao lado do Pai também não me atraía, e julgava que não teria lugar para tantos ao seu lado.

Cresci em meio a visões deturpadas do céu, mesclando influências religiosas distintas, sem que, no entanto, nenhuma delas me parecesse lógica.

Ao tomar contato com o Espiritismo, muita coisa passou a fazer sentido. As ideias de reencarnação, de vida após a morte, de lei de ação e reação, entre outras, satisfizeram boa parte dos meus questionamentos, soando como perfeitamente racionais.

Porém, mesmo parecendo claros os conceitos sobre vidas sucessivas, reencarnação, céu e inferno, entre outros, acredito que Allan Kardec, por vezes, seja excessivamente teórico e de difícil compreensão, mesmo para aqueles afeitos às Letras.

Foi somente com a leitura de *Nosso Lar* que pude, pela primeira vez, transformar alguns conceitos teóricos que tinha sobre a vida no mundo dos Espíritos em algo realmente tangível, podendo imaginar como seria a vida fora do corpo e o que poderia estar reservado a mim quando chegasse ao outro lado.

Há alguns anos, nutro o desejo de escrever um livro explicando de maneira simples, para espíritas e não espíritas, o que pude aprender nesses anos de estudo sobre o mundo espiritual apresentado em *Nosso Lar*. Apesar de considerar *Nosso Lar* um livro de leitura rápida e palatável, acredito que, em alguns momentos, por se tratar de um romance, ele guie os leitores a passar despercebidamente por assuntos extremamente interessantes e valiosos, sendo necessárias algumas releituras para captar seus ensinamentos.

O impulso definitivo para escrever este livro se deu com a produção do filme *Nosso Lar*, que me motivou a tirar do computador os rascunhos que tinha feito sobre *Nosso Lar* e trazê-los aos leitores ávidos por conhecer melhor o mundo dos Espíritos e assim, quem sabe, responderem questões como: "De onde vim?", "Para onde vou?" e "Por que estou aqui?".

Prólogo

"Embora ninguém possa voltar atrás para fazer um novo começo,
qualquer um pode começar agora a fazer um novo fim."
Chico Xavier

Nosso Lar
Uma colônia de auxílio.
Fundada por um grupo de abnegados trabalhadores.
Sua missão é a de socorrer e trazer esclarecimentos.
Atende uma multidão de necessitados.

Muitos deles não tinham ainda consciência da morte.
Julgavam-se ainda encarnados, ou em vida, como diziam.
Mas precisavam de auxílio.
Morrer como nascer não é fácil, pois o desapego é difícil.
Nosso Lar ajuda na transição.

Auxilia a se livrar do apego à Terra.
Ajuda a preparar-se para uma nova oportunidade.

Embora ninguém possa voltar atrás para fazer um novo começo.

Qualquer um pode começar agora a fazer um novo fim.

É exatamente isso que ensina Nosso Lar.

Propiciar a todos os elementos necessários ao recomeço.

Essa é a missão de Nosso Lar.

Pouco a pouco seus instrutores tiram o véu de sobre o místico que cerca a vida após a morte.

Trazem a todos os socorridos mais do que o simples esclarecimento.

Dando a eles a oportunidade de um recomeço.

E assim, de conquistar um novo lar, o Nosso Lar...

Introdução

"O Espiritismo realiza o que Jesus disse do consolador prometido: conhecimento das coisas, fazendo que o homem saiba de onde vem, para onde vai e porque está na Terra."

Allan Kardec

Uma cidade espiritual com mais de 1 milhão de habitantes. Entre seus moradores, Espíritos que caíram em sua última missão na Terra, mas que agora retomam o caminho correto visando a se preparar para nova vida no planeta.

Avenidas largas, prédios grandes, rios, bosques, árvores. Tudo parece uma cópia melhorada do que vemos aqui na Terra.

André Luiz, nome fictício do Espírito que quis permanecer no anonimato, foi levado para lá após morrer e passar oito anos vagando pelo Umbral, um local de cenário de filme de horror, onde padecia os mais altos sofrimentos.

Saiu de lá quando o sofrimento fê-lo despojar-se do seu orgulho e poder ser socorrido por um grupo de abnegados trabalhadores que rotineiramente visitavam esse verdadeiro vale das sombras visando a socorrer todos os que já tivessem condições de ser abrigados na colônia espiritual Nosso Lar sem perturbar o ambiente de tranquilidade que lá existe.

Ficou em Nosso Lar sob a tutela do Ministro Clarêncio, um dos 72 auxiliares diretos do Governador. Este atendeu diretamente ao pedido da mãe de André, que havia desencarnado há alguns anos e já estava em uma condição de evolução mais elevada, habitando um local superior a Nosso Lar.

Após ser tratado, André foi convidado por Lísias a morar em sua casa. Lá conheceu Dona Laura, a mãe de Lísias, as irmãs Judite e Iolanda, e Eloisa, neta de Dona Laura.

Teve a oportunidade de conhecer o valor do trabalho por meio da atuação em grupos de auxílio a desencarnados. Aprendeu que fora da caridade não há salvação.

Depois de um ano de trabalho na colônia espiritual, teve a concessão para visitar sua esposa e seus filhos que deixara na Terra, nove anos antes. Padecia certo sofrimento há tempos, por julgar que sua família ficara desamparada desde seu desencarne e por não haver tido permissão anterior para visitá-los.

Ao chegar à sua antiga casa, deparou-se com sua mulher Zélia já casada com outro homem, chamado Ernesto. Ficou atordoado ao ver que outro tinha ocupado o seu lugar.

Porém, o que havia aprendido em Nosso Lar voltou à sua mente, e pôs-se a ajudar o homem, que estava enfermo. Para isso, rogou pela ajuda de sua companheira de trabalho, Narcisa, que pôde ministrar a Ernesto uma combinação de fluidos extraídos da natureza e que propiciaram a sua recuperação.

Ao retornar a Nosso Lar, André recebeu o título de cidadão da colônia espiritual, pois havia sido aprovado no primeiro grande teste, tendo deixado de lado todo o orgulho ferido de ver outro homem casado com a mulher que deixara na Terra e se prontificado a ajudá-lo, colocando em prática o ensinamento deixado por Jesus que dizia "Amai a Deus sobre todas as coisas e ao próximo como a si mesmo".

Essa aventura de André no outro lado da vida é contada em detalhes em Nosso Lar, que tem ainda como pano de fundo o intercâmbio entre encarnados e desencarnados durante a Segunda Guerra Mundial e os esforços que Nosso Lar teve de fazer para se proteger durante esse período.

Por meio de sua leitura, é possível visualizar detalhes sobre a vida após a morte, tirando o véu de Ísis sobre este tema, que intriga todos e, assim, fazendo que, após o conhecimento do que nos espera após o desencarne, cada um possa viver melhor essa existência.

André Luiz: o autor espiritual

"Quando o discípulo está preparado, o Pai envia o instrutor. O mesmo se dá relativamente ao trabalho. Quando o servidor está pronto, o serviço aparece."

André Luiz

O autor espiritual de *Nosso Lar* foi o primeiro Espírito a se comunicar por intermédio de Chico Xavier sem revelar seu nome real, optando por assinar com o mesmo nome de um dos irmãos do médium. Muitos espíritas acreditam até hoje que ele teria sido o famoso médico sanitarista Carlos Chagas, morto em 1934, fato não confirmado pelo Espírito.

No prefácio de *Nosso Lar*, Emmanuel, o guia espiritual de Chico Xavier, descreveu da seguinte maneira o anonimato de André Luiz.

> *André precisou, igualmente, cerrar a cortina sobre si mesmo. É por isso que não podemos apresentar o médico terrestre e autor humano, mas sim o novo amigo e irmão na eternidade. Por trazer valiosas impressões aos companheiros do mundo, necessitou despojar-se de todas as convenções, inclusive da do próprio nome, para não ferir*

corações amados, envolvidos ainda nos velhos mantos da ilusão. Os que colhem as espigas maduras não devem ofender os que plantam a distância, nem perturbar a lavoura verde, ainda em flor.

Quando questionado sobre o assunto, Chico Xavier não confirmou e nem desmentiu a informação de que André Luiz seria a reencarnação de Carlos Chagas. Porém, disse que não adiantaria pesquisar sobre o assunto, pois os dados sobre André Luiz narrados em *Nosso Lar* estavam truncados, visando a dificultar sua identificação.

Em suas obras, o Espírito se dizia médico em encarnação anterior e relatava como chegou ao plano espiritual, após sua morte, trazendo detalhes da vida espiritual e mostrando, pela primeira vez, o funcionamento de uma colônia espiritual e a situação de diferentes tipos de Espíritos após o falecimento.

Seu primeiro livro, intitulado *Nosso Lar* e publicado em 1944, é considerado um dos melhores livros espíritas de todos os tempos, trazendo detalhes da vida na colônia espiritual *Nosso Lar* e contando como ele foi socorrido após passar oito anos vagando por uma região da crosta terrestre batizada de Umbral.

André Luiz relata em *Nosso Lar* que, em vida, foi casado com Dona Zélia, com quem teve três filhos, duas mulheres e um homem. Segundo seus relatos, ele teria exercido a Medicina por aproximadamente quinze anos. Nesse período, consultou gratuitamente 6 mil pacientes, e destes, quinze jamais o esqueceram e vibraram positivamente por ele no outro lado.

Porém, os atos de bondade pararam por aí. Durante a vida, não buscou valores superiores, tendo desencarnado em virtude de uma oclusão intestinal derivada de elementos cancerígenos agravados pelo quadro de sífilis.

Sua obra *Nosso Lar* é o maior best-seller de Chico Xavier, com mais de 1,5 milhões de cópias vendidas, e foi inspirador da novela *A viagem*, escrita por Ivani Ribeiro e apresentada originalmente pela extinta TV Tupi em 1975, tendo um *remake* em 1994, apresentado pela Rede Globo.

Em 2010, *Nosso Lar* foi adaptado e transformado em filme por meio de uma superprodução contando no elenco com atores como Renato Prieto, Othon Bastos, Ana Rosa e Paulo Goulart, entre outros.

Os livros iniciais de André Luiz, que trazem detalhes da vida no Além e dos Espíritos, passaram a ser conhecidos como a coleção *A vida no mundo espiritual*, composta por treze obras:

- *Nosso Lar*
- *Os mensageiros*
- *Missionários da luz*
- *Obreiros da vida eterna*
- *No mundo maior*
- *Libertação*
- *Entre a terra e o céu*
- *Nos domínios da mediunidade*
- *Ação e reação*
- *Evolução em dois mundos*
- *Mecanismos da mediunidade*
- *Sexo e destino*
- *E a vida continua...*

Além destes, André ditou a Chico Xavier livros como *Desobsessão*, *Sinal Verde*, *Respostas da Vida*, *Apostilas da Vida* e *Endereços da paz*. Em parceria com Emmanuel ditou ainda *Estude e viva*, *Ação e Caminho*, *A verdade responde* e *Tempo e nós*. Juntamente com o Espírito Lucius ditou *Cidade no Além*.

Contexto histórico

"E ouvireis falar de guerras e de rumores de guerras; olhai, não vos assusteis, porque é mister que isso tudo aconteça, mas ainda não é o fim."
Mateus 24:6

Publicado em 1944 pela Federação Espírita Brasileira, o livro descreve a vida do autor espiritual no outro lado durante o período antes e durante a Segunda Guerra Mundial, que durou de 1939 a 1945, narrando o intercâmbio entre os encarnados no planeta e os trabalhadores da colônia espiritual que vibravam para que as consequências do conflito mundial fossem atenuadas. André Luiz narra assim esse período:

> *Nos primeiros dias de setembro de 1939, "Nosso Lar" sofreu, igualmente, o choque por que passaram diversas colônias espirituais, ligadas à civilização americana. Era a guerra europeia, tão destruidora nos círculos da carne, quão perturbadora no plano do espírito. Entidades numerosas comentavam os empreendimentos bélicos em perspectiva, sem disfarçarem o imenso terror de que se possuíam.*

Sabia-se, desde muito, que as Grandes Fraternidades do Oriente suportavam as vibrações antagônicas da nação japonesa, experimentando dificuldades de vulto. Anotavam-se, porém, agora, fatos curiosos de alto padrão educativo. Assim como os nobres círculos espirituais da velha Ásia lutavam em silêncio, preparava-se "Nosso Lar" para o mesmo gênero de serviço. Além de valiosas recomendações no campo da fraternidade e da simpatia, determinou o Governador tivéssemos cuidado na esfera do pensamento, preservando-nos de qualquer inclinação menos digna, de ordem sentimental. [...]
Logo após os primeiros dias que assinalaram as primeiras bombas na terra polonesa, encontrava-me, ao entardecer, nas Câmaras de Retificação, junto de Tobias e Narcisa, quando inesquecível clarim se fez ouvir por mais de um quarto de hora. Profunda emoção nos invadira a todos.

Após esse episódio narrado por André Luiz, o governador da colônia convocou 30 mil voluntários para socorrer e auxiliar as vítimas desencarnadas durante a guerra e também para proteger a colônia contra Espíritos pouco evoluídos que poderiam tentar invadi-la.

Durante todo o tempo que durou o conflito, uma emissora de rádio transmitia notícias sobre a guerra e convocava os moradores de Nosso Lar a irradiar vibrações positivas para a Terra, o que nos mostra claramente o intercâmbio que há entre quem está vivendo no planeta e os Espíritos que, mesmo do outro lado, ainda recebem notícias sobre o que acontece aqui, e nesse caso relatado por André Luiz, também puderam vibrar enviando irradiações de energia, visando a minimizar os efeitos do conflito mundial.

Vale ressaltar que, mesmo tendo sido publicado inicialmente na década de 1940, *Nosso Lar* é um livro extremamente atual, narrando problemas e assuntos ainda comuns nos dias de hoje, como conflitos familiares, transtornos, disputas, guerras, amor, ódio, entre outros. É muito difícil fazer sua leitura e não imaginar que ele pudesse se referir a 2010, por exemplo.

Além disso, alguns dos recursos tecnológicos mostrados em *Nosso Lar* só foram "inventados" aqui na Terra muitos anos depois, por exemplo, o aparelho de comunicações urbanas em que André recebe o contato de Dona Laura, que solicitava notícias suas. Isso nos leva a crer que até veículos como o aérobus, uma espécie de ônibus aéreo, um dia serão realidade aqui na Terra.

Sobre o assunto vale destacar que, segundo o Espiritismo, boa parte das "invenções" que revolucionaram a humanidade foram concebidas aqui a partir da influência de Espíritos que intuíam o cientista ou pesquisador no caminho para a descoberta, visando a auxiliar no desenvolvimento da sociedade. Isso sem contar os Espíritos que encarnam no planeta já com a missão de trazer desenvolvimento para a civilização como um todo a partir de suas descobertas.

Vida após a morte

"A vida não cessa. A vida é fonte eterna e a morte é o jogo escuro das ilusões."
André Luiz

Todos aqueles que assistiram ao filme ou fizeram a leitura do livro *Nosso Lar* inicialmente se depararam com conceitos do Espiritismo que apresentam um mundo novo para quem está tomando contato pela primeira vez com as informações sobre o mundo espiritual. E mesmo para quem já tem uma ideia inicial, não é tão simples entender conceitos como Espíritos, encarnação, lei de ação e reação, umbral, colônia espiritual, médium, entre outros. Porém, sem o aprofundamento nesses conceitos, fica quase impossível entender a vida após a morte descrita por André Luiz em *Nosso Lar*.

Diferentemente da ideia do "morreu, acabou" ou do "dia do juízo final" em que eleitos serão escolhidos para voltar à vida, o Espiritismo traz como base a ideia de continuidade da vida após a morte, norteada pelo conceito de reencarnação.

A reencarnação é a oportunidade que cada Espírito tem de ter diferentes existências no planeta, cada uma em um corpo diferente. O Espírito é sempre o mesmo, mas o corpo muda de uma existência para a outra, e o Espírito pode habitar um corpo de homem ou de mulher. O número de encarnações em cada sexo depende da necessidade de cada Espírito. Experiências no sexo feminino podem ajudar o Espírito no desenvolvimento da emoção, da sensibilidade, do instinto de conservação, da delicadeza de gestos, do contato social, entre outros. Só quem já passou pela prova da maternidade, por exemplo, pode testemunhar o quanto ela ajuda na compreensão do amor fraterno e no desenvolvimento do carinho para com o filho.

Em contrapartida, experiências no sexo masculino ajudam a acentuar a racionalidade, a força, o senso de responsabilidade pelo sustento da família, entre outros.

Assim, o sexo escolhido terá como premissa aquele que facilitar mais a sua evolução, e em geral, o Espírito tende a reencarnar mais em um sexo do que em outro. O número de reencarnações pelo qual terá de passar dependerá basicamente da velocidade em que ele evoluir. Quanto mais lenta for sua evolução, maior o número de reencarnações, visando a auxiliá-lo por meio de experiências diferentes.

Referente ao assunto homossexualismo, o Espiritismo é contrário a qualquer tipo de discriminação. Apesar de não abordar diretamente o assunto em nenhuma das obras básicas de sua codificação, o Espiritismo ensina que todos podem trazer tendências de vidas passadas, nas quais podem ter habitado um corpo de sexo diferente do desta encarnação.

Segundo Kardec, o Espírito, inicialmente, não possui gênero sexual, ou seja, não é homem ou mulher. Somente quando encarna no planeta é que o Espírito passa a se diferenciar em um corpo masculino ou feminino. Ele afirma que um espírito não reencarna como homem ou mulher em porcentagem igual; quase sempre há uma predominância de um dos lados. Assim, no estágio atual de evolução, mesmo no mundo espiritual, ainda não existe uma personalidade sexual neutra. Somente Espíritos de primeira ordem – os chamados Espíritos puros – é que conseguem não apresentar tendências para um ou para outro lado.

Esporadicamente e por necessidade evolutiva acontece um processo chamado encarnação inversiva, no qual um Espírito com tendência feminina encarna em um corpo físico masculino ou vice-versa. Mesmo assim, esse tipo de encarnação não determina necessariamente a prática homossexual, pois uma premissa básica do Espiritismo é o uso do livre-arbítrio do indivíduo para fazer qualquer tipo de escolha, incluindo as sexuais.

Mas nem todo homossexual é um Espírito necessariamente vindo em uma encarnação inversiva, pois existem pessoas de encarnação normal, mas que sofreram traumas na infância que influenciaram diretamente sua opção sexual. Outras vezes, o impulso sexual incontrolável – tanto no caso de homossexuais ou heterossexuais – pode estar relacionado a uma obsessão (ação prejudicial que um Espírito exerce sobre um encarnado) e, para isso, o Espiritismo oferece tratamento fluidoterápicos e desobsessivos.

Em seu livro *Vida e Sexo*, no capítulo que trata sobre homossexualidade, Emmanuel afirma que:

> *Observadas as tendências homossexuais nos companheiros reencarnados nesta faixa de prova ou de experiência, é forçoso se lhes dê o amparo educativo adequado, tanto quanto se administra instrução à maioria heterossexual. E para que isso se verifique em linhas de justiça e compreensão, caminha o mundo de hoje para mais alto entendimento dos problemas do amor e do sexo, porquanto, à frente da vida eterna, os erros e acertos dos irmãos de qualquer procedência, nos domínios do sexo e do amor são analisados pelo mesmo elevado gabarito de justiça e misericórdia. Isso porque todos os assuntos nesta área da evolução e da vida se especificam na intimidade da consciência de cada um.*

Como narra André Luiz, no outro lado da vida o sexo deixa de ter a importância que possuía na Terra. Espíritos não têm sexo como entendemos aqui na Terra, o que não significa que sejam assexuados. Vemos, em *Nosso Lar*, que eles conservam características do sexo que tinham nas últimas encarnações.

O sexo é tido pelo Espiritismo como algo sagrado. Durante uma relação sexual são trocados fluidos e energias entre os pares. Quando feito com amor, ele ajuda a revigorar as energias e coloca os pares em contato com algo extremamente sublime. Nesse tipo de relação não é permitido que Espíritos inferiores acompanhem o ato sexual.

Já quando existe a promiscuidade, Espíritos menos elevados ficam próximos para se nutrirem das energias psíquicas do casal e podem participar junto da relação, algumas vezes, inclusive, comandando seus atos e buscando a satisfação de desejos de todos os níveis, fazendo os pares serem quase marionetes e meros executores dos seus desejos.

Boa parte dos Espíritos que desencarna está altamente comprometida pelo mau uso que fez do sexo enquanto estava na Terra. Toda relação sexual gera algum grau de comprometimento entre os pares, e se usada como algo simplesmente para satisfazer o instinto, pode causar sérios problemas para quem dela fez uso. Há Espíritos, por exemplo, que chegam ao outro lado com sensação de dor na região genital.

Em *No mundo maior*, livro psicografado por Chico Xavier, André Luiz narra sua ida a um grupo de estudos e o esclarecimento que recebeu dos instrutores sobre o assunto sexo:

> *[...] E mais da metade dos milhões de espíritos encarnados na Crosta da Terra, de mente fixa na região dos movimentos instintivos, concentram suas faculdades no sexo, do qual se derivam naturalmente os mais vastos e frequentes distúrbios nervosos; constituem eles compactas legiões, nas adjacências da paisagem primitiva da evolução planetária, irmãos nossos da infância do conhecimento, que ainda não sabem criar sensações e vida senão mobilizando os recursos da força sexual. Grande parte de criaturas, contudo, havendo conquistado a razão, acima do instinto, permanece nos desatinos da prepotência, seduzida pelo capricho autoritário, faminta de evidência e realce, ainda que atidas a trabalho proveitoso e às paixões nobres, muitas vezes... Pequeno grupo de homens e de mulheres, por fim, após atingir o equilíbrio sexual na zona instintiva do ser e depois de obter os títulos que lhes confere seu trabalho e com os quais dominam na vida, regendo as energias próprias, em pleno regime de responsabilidade individual, passam a*

fixar-se na região sublime na superconsciência, não mais encontrando a alegria integral no contentamento do corpo físico ou na evidência pessoal; procuram alcançar os círculos mais altos da vida, absorvidos em idealismo superior; sentem-se no limiar de esferas divinas, já desde a estrada nevoenta da carne, à maneira do viajor que, após vencer caminhos ásperos na treva noturna, estaca, desajustado, entre as derradeiras sombras da noite e as promessas indefiníveis da aurora [...]

Em *Nosso Lar*, vemos o caso de Laerte, pai de André Luiz e que, mesmo após o seu desencarne, continuava sendo usado como joguete e marionete por suas ex-amantes na Terra, não conseguindo se libertar delas e nem tão pouco sair do Umbral rumo a uma colônia espiritual.

Uma explicação muito interessante sobre esse assunto é dada no livro *Missionários da luz*, terceira obra de autoria do espírito André Luiz. Nele, André questiona o instrutor Alexandre sobre a inviolabilidade das relações sexuais, o qual responde:

[...] Todos os encarnados que edificam o ninho conjugal, sobre a retidão, conquistam a presença de testemunhas respeitosas, que lhes garantem a privacidade dos atos mais íntimos, consolidando-lhes as fronteiras vibratórias e defendendo-as contra as forças menos dignas, tomando, por base de seus trabalhos, os pensamentos elevados que encontram no ambiente doméstico dos amigos; não ocorre o mesmo, entretanto, nas moradias cujos proprietários escolhem baixas testemunhas espirituais, buscando-as em zonas inferiores. A esposa infiel aos princípios nobres da vida em comum e o esposo que põe sua casa em ligação com o meretrício não devem esperar que seus atos afetivos permaneçam coroados de veneração e santidade. Suas relações mais íntimas são objeto de participação das desvairadas testemunhas que escolheram. Tornam-se vítimas inconscientes de grupos perversos, que lhes partilham as emoções de natureza fisiológica, induzindo-as à mais dolorosa viciação. Ainda que esses cônjuges infelizes estejam temporariamente catalogados no pináculo das posições sociais humanas, não poderão trair a miserável condição interior, sequiosos que vivem de prazeres criminosos, dominados de estranha e incoercível volúpia.

Quando encarnado, o corpo físico é unido ao Espírito por um laço bem tênue que se desfaz somente no momento do desencarne. Enquanto estão aqui no planeta, corpo e Espírito formam um conjunto só, porém, quando em sono profundo, o Espírito tem a oportunidade de se desligar do corpo e retornar a sua pátria espiritual, tendo algumas vezes vaga lembrança disso por meio do sonho.

André Luiz narra o episódio em que se espantou ao ver dois vultos enormes, que pareciam homens feitos de uma substância indefinível, semiluminosa, que ele classificou como autênticos fantasmas.

Ao solicitar esclarecimento à companheira Narcisa, esta asseverou que se tratava de Espíritos poderosos que viviam na Terra encarnados em missão redentora e que recebiam a permissão de abandonar o veículo corpóreo temporariamente para transitar livremente no outro plano. Ela afirmou ainda que encarnados que têm a oportunidade de ir até lá são criaturas extremamente espiritualizadas, apesar de humildes na Terra.

O Espiritismo dá ao sono uma significação muito mais profunda do que a simples finalidade de descanso do corpo físico. No período em que permanece adormecido, o corpo não necessita da presença do Espírito para comunicar-lhe atividades físicas ou mentais. Então o Espírito se liberta, afastando-se do corpo e reintegrando suas faculdades perceptivas e ativas, passando a agir a distância do corpo físico e tendo contato direto com o mundo extrafísico onde vivem os Espíritos, local também conhecido como erraticidade. No momento em que se desprende do corpo, o Espírito permanece ligado somente por um cordão fluídico e energético.

Dependendo de seus interesses e de sua evolução, o encarnado poderá aproveitar esses momentos para visitar outras esferas espirituais em que terá a oportunidade de aprender e conversar com seres que com ele se sintonizem ou mesmo de reencontrar amigos que estão no plano físico ou no espiritual.

Quando uma pessoa é excessivamente apegada à matéria, seu Espírito procura por ambientes mundanos ou mesmo por locais do outro lado onde habitam Espíritos inferiores, buscando satisfazer seus impulsos enquanto dorme.

O sono tem uma enorme importância para o encarnado. Se este acorda se sentindo bem, é porque esteve, durante a noite, em boa companhia. Ao contrário, se despertar cansado e com mau humor, é porque esteve em companhia de Espíritos ignorantes. O Espiritismo indica que, antes de dormir, seja feita uma oração a Deus para que o encarnado sintonize os planos mais elevados.

Curiosamente, em *Nosso Lar*, André Luiz relata que Espíritos também dormem no outro lado, narrando o episódio do encontro com a sua mãe, que estava em uma esfera superior e que teve oportunidade de se encontrar com André durante o sono deste.

Ao desencarnar, o Espírito se liberta do corpo físico, considerado por este uma verdadeira prisão, e retoma, pouco a pouco, aptidões que tinha anteriormente, como a possibilidade de volitar*, já que o corpo físico traz limitações ao Espírito. Para entender isso, é só se lembrar das roupas dos astronautas, que permitem o movimento fora da atmosfera terrestre, mas que tornam os movimentos dos astronautas muito mais lentos e difíceis do que se estivessem aqui no planeta e sem a roupa. Porém, um Espírito não pode prescindir do corpo físico para habitar o planeta, da mesma maneira que os astronautas necessitam de roupas especiais.

Esse processo de desencarne é acompanhado por uma equipe de socorro espiritual, que prestará auxílio ao Espírito se este tiver merecimento e o ajudará no processo de desligamento dos fios tênues que prendem-no ao corpo, trazendo, se possível, esclarecimentos sobre a nova situação dele e levando-o a uma colônia espiritual, onde receberá os primeiros cuidados. Esse desligamento pode ser feito lentamente ou de maneira brusca, dependendo do tipo de desencarne, por exemplo, por doença ou por acidente com morte imediata.

Quem já acompanhou o processo de desencarne de um parente em um hospital pode ter a ideia de um procedimento extremamente comum. Os Espíritos iniciam o processo de desligamento, mas, por

* Possibilidade de volitar é o Espírito poder se deslocar sem os pés no solo, como se estivesse voando, mas em pé, como a imagem clássica dos anjos.

vezes, os parentes que estão lá com o doente vibram tão intensamente para que ele continue vivo que acabam dificultando demais o processo de desligamento. Para resolver isso, os Espíritos fazem o doente ter uma melhora súbita. Nesse momento, os parentes relaxam e retornam aos seus afazeres, e então, na sequência, os Espíritos podem retomar o processo de desligamento, vindo o doente a falecer em poucas horas.

Porém, nem sempre é possível aos socorristas prestar o atendimento no processo de desencarne. Espíritos altamente comprometidos que praticaram o mal durante sua existência podem ser recepcionados, no momento do desencarne, por inimigos que buscam se vingar deles ou mesmo por Espíritos ainda não evoluídos e que entram em contato com eles a fim de levá-los consigo para regiões do Umbral, por exemplo. Estes poderão até tentar escravizá-los para que façam parte do seu grupo de Espíritos que praticam o mal aos encarnados que se sintonizem com eles.

Muitos desses Espíritos passam muito tempo na espiritualidade até ter consciência exata de que desencarnam. Alguns deles tentam ficar junto das coisas que tinham aqui na Terra e julgam, por vezes, que enlouqueceram. Esse tormento durará até que tenham consciência de que não pertencem mais à matéria e se livrem do ódio e da maldade que os impede de receber auxílio.

Quem assistiu ao filme *Ghost: do outro lado da vida* terá a visão clara do desencarne de um Espírito bom e de um Espírito que praticou o mal em vida. O primeiro terá um processo similar ao do personagem Sam, quando vai ao encontro do plano espiritual. Já o do segundo será similar ao do assassino de Sam que, quando desencarna, é recepcionado por seres trevosos. Tirando toda a fantasia do cinema e ficando somente com a essência da cena, é possível ter uma ideia próxima do que acontece.

Evidentemente, não existe uma regra geral para o desencarne, podendo este variar um pouco de Espírito para Espírito. Desencarnar, porém, não traz ao Espírito nenhuma mudança significativa. A vida do outro lado é continuidade da que ele tinha aqui. Com isso, vemos que ninguém vira santo depois de desencarnar e nem tão pouco fica mau. Os Espíritos conservam as características que tinham em vida.

O que determinará o tipo de companhia que terão do outro lado será a afinidade e a sintonia com elas. Quem pensa o mal ou está em desespero se identifica com Espíritos que também pensam o mal. Quem praticou o bem e está tranquilo e sereno se identifica com Espíritos que buscam a prática do bem. É simplesmente uma questão de sintonia.

Ao tomar contato com essas informações sobre desencarnação, inevitavelmente vem à nossa mente questões referentes à possibilidade de doações de órgãos e ao prazo adequado para enterro ou cremação do falecido.

Quando Allan Kardec escreveu suas obras, a ciência não cogitava a possibilidade de existir a doação de órgãos. Por isso, esse assunto não foi abordado. No entanto, quando questionou aos Espíritos sobre se "A alma não leva nada deste mundo?", ele recebeu a seguinte resposta: "Não mais que a lembrança e o desejo de ir para um mundo melhor".

Como visto anteriormente, quando o Espírito desencarna, seu corpo físico não lhe serve para mais nada. Como o objetivo do ser humano é evoluir, e para isso, a principal ferramenta é a prática da caridade, o Espiritismo é favorável à doação de órgãos.

No entanto, apresenta-se uma questão importante. Segundo os espíritas, é preciso diferenciar morte e desencarnação. Enquanto a morte é a paralisação definitiva das funções físicas, a desencarnação é o desligamento do Espírito do corpo físico, e não necessariamente os dois fenômenos ocorrem simultaneamente.

Comentamos anteriormente que pode ocorrer a morte, mas o Espírito continuar ligado ao corpo em virtude do excessivo apego que ele tem pela matéria. Enquanto o Espírito se mantém ligado ao corpo, ele possui todas as sensações ligadas à matéria. Por essa razão, o Espiritismo aconselha que se obtenha antes a concordância do doador, pois se efetuada a retirada de algum órgão sem que o Espírito esteja de acordo, ele pode vir a sofrer algum tipo de perturbação ou de dor, uma vez que as sensações físicas perduram algumas horas após a morte, principalmente se o Espírito for muito materialista.

Quanto a enterro e cremação, vemos que o Espírito preexiste e sobrevive ao corpo. Tanto o sepultamento como a cremação são formas de acomodar o cadáver e expressam o livre-arbítrio de cada um. No entanto, a escolha da cremação exige que se tenha um desapego aos laços materiais, pois se estiver ligado à matéria, o Espírito poderá sofrer demasiadamente ao ver seu corpo incinerado.

O espírito Emmanuel, na psicografia de Chico Xavier, informa que "a cremação é legítima, desde que haja um período de, pelo menos, 72 horas de espera para que ela ocorra".

A cremação, com base em critérios médico-científicos, pode se dar em 24 horas, mas, segundo o Espiritismo, o período deve ser maior, para que se tenha a certeza de que o Espírito se desligou totalmente do corpo e, dessa forma, não receba a impressão do acontecido, o que evita traumas psíquicos.

Quanto ao enterro, se o Espírito continuar apegado à matéria e velando seu corpo, ele poderá sofrer da mesma maneira ao perceber a decomposição deste. O ideal é que a pessoa se torne mais espiritualizada, para que, no momento em que passar pelo processo de desencarne, ela se desligue tranquilamente e inicie uma nova etapa de vida.

Em *Nosso Lar*, André Luiz, ao trabalhar junto com Narcisa nas câmaras de retificação, tem contato com o caso de Francisco. Ao vê-lo em desespero como se estivesse sendo perseguido, André questiona Narcisa sobre o que estava acontecendo, e ela esclarece que Francisco se via perseguido pelo próprio cadáver, relatando:

> *O pobrezinho era excessivamente apegado ao corpo físico e veio para a esfera espiritual após um desastre, oriundo de pura imprudência. Esteve, durante muitos dias, ao lado dos despojos, em pleno sepulcro, sem se conformar com situação diversa. Queria firmemente levantar o corpo hirto, tal o império da ilusão em que vivera e, nesse triste esforço, gastou muito tempo. Amedrontava-se com a ideia de enfrentar o desconhecido e não conseguia acumular nem mesmo alguns átomos de desapego às sensações físicas. Não valeram socorros das esferas mais altas, porque fechava a zona mental a todo pensamento relativo à*

vida eterna. Por fim, os vermes fizeram-lhe experimentar tamanhos padecimentos que o pobre se afastou do túmulo, tomado de horror. Começou, então, a peregrinar nas zonas inferiores do Umbral; no entanto, os que lhe foram pais na Terra possuem aqui grandes créditos espirituais e rogaram sua internação na colônia. Trouxeram-no os Samaritanos, quase à força. Seu estado, contudo, é ainda tão grave que não poderá ausentar-se tão cedo das câmaras de retificação. O amigo, que lhe foi genitor na carne, está presentemente em arriscada missão, distante de "Nosso Lar".

Narcisa ainda esclarece que a visão dele é o pesadelo de muitos Espíritos que após o desencarne continuam muito apegados ao corpo e que se voltam para ele com verdadeiro culto. Ao presenciarem os vermes na carne em decomposição, eles horrorizam-se e passam a ser atormentados com a imagem do cadáver, experimentando enorme sofrimento e perturbação.

Algumas religiões cristãs, como o Catolicismo, não acreditam em reencarnação, e sim na ressurreição, ou seja, na possibilidade de voltar com o mesmo corpo, diferentemente da crença espírita de que a volta se daria em outro corpo. Porém, números estatísticos mostram que, dos conceitos espíritas, a reencarnação é o mais facilmente aceito, e até pessoas de outras religiões usam muitas vezes a palavra reencarnação. O último Censo do IBGE mostra, por exemplo, que 44% dos católicos acreditam em reencarnação, o que seria contrário ao próprio dogma da ressurreição aceito pela Igreja.

Já o conceito de Espírito é mais difícil de ser entendido... A primeira dificuldade é que a literatura de terror e, particularmente, o cinema criaram uma imagem distorcida de Espírito associada a fantasmas e zumbis, que tinham o intuito de assustar as pessoas. Não é à toa que muitos "morrem" de medo de encontrar algum Espírito...

A segunda dificuldade é que o termo Espírito, mesmo relativamente recente, usado originalmente por Allan Kardec no *Livro dos espíritos*, publicado em 18 de abril de 1857, foi emprestado para designar muitas outras coisas... Quem nunca ouviu o termo espírito de porco, por exemplo?

Sem querer estender o assunto, mas não podendo perder o ensejo, é necessário esclarecer que animais não têm Espírito. Pelo menos, não iguais aos dos seres humanos, pois não têm o instinto racional. Eles são formados de matéria em diferente estado de evolução que, um dia, poderá dar origem a um Espírito, mas que, no momento, ainda está sendo lapidada aqui no planeta, tomando contato com características da Terra, como temperatura, ambiente, entre outros.

Assim, todos nós somos formados da matéria que, um dia, pode ter habitado um corpo de animal, mas não somos a evolução destes e fomos formados apenas com a mesma matéria-prima, o que não reduz o amor que devemos ter para com eles e nem a possibilidade de que, pela convivência, os animais domésticos desenvolvam algumas características humanas, em especial as dos seus donos.

Os Espíritos são criados por Deus a todo o tempo e são parte de sua obra. Quando encarnados, eles são chamados de alma visando a distinção do termo Espírito. Por esse esclarecimento, vemos que o termo alma penada não existe, ficando circunscrito somente à imaginação de quem o criou originalmente.

Esses Espíritos foram criados simples e ignorantes, isto é, sem conhecimento do bem e do mal. Eles têm aptidão tanto para o bem quanto para o mal, e pelo livre-arbítrio, terão oportunidade de escolher o caminho a seguir.

O Espiritismo não traz grandes revelações sobre Deus afirmando que ainda não temos condições de compreendê-lo, por causa do nosso pequeno grau de evolução. As únicas "informações" sobre Deus são as trazidas nas obras básicas de Allan Kardec e que vão ao encontro das citadas por Jesus nos Evangelhos. A nenhum habitante de *Nosso Lar* foi dada a oportunidade de conhecer diretamente Deus; essa possibilidade estaria restrita somente a Espíritos que atingiram o mais alto grau de evolução. Porém, segundo relatado por André Luiz, o Governador e a Ministra Veneranda são os únicos habitantes de *Nosso Lar* que tiveram oportunidade de ver Jesus nas esferas resplandecentes.

Deus é qualificado pelo Espiritismo como eterno, imutável, imaterial, único, todo-poderoso, soberanamente justo e bom, tendo criado todo o universo e os seres materiais e espirituais e escolhido a espécie humana para a reencarnação dos Espíritos que atingiram certo grau de desenvolvimento.

Referente a Jesus Cristo, o Espiritismo fala que foi o Espírito mais evoluído a encarnar no planeta e que veio aqui em missão em prol da humanidade. Jesus é considerado pelo Espiritismo como o Governador do planeta Terra.

Apesar de estarmos aqui no planeta, a vida real é a dos Espíritos, já que, como visto anteriormente, o mundo material tem um papel secundário, visando somente a ajudar na evolução do Espírito.

Enquanto encarnados, somos formados pelo corpo material, pelo Espírito e por uma interface que dá forma ao Espírito chamada de períspirito, um elemento que está presente tanto quando o Espírito está encarnado quanto desencarnado.

O períspirito é que dá forma e aparência ao Espírito, neste ou no outro plano. Em *Nosso Lar* vemos os Espíritos com uma determinada aparência, que foi plasmada no períspirito. Espíritos mais evoluídos podem tomar a aparência que mais lhes aprouver, lembrando que, para estes, a aparência não tem importância se comparada à essência. Já Espíritos pouco evoluídos trazem, em geral, marcas no períspirito que mostram as vibrações negativas que possuem e representam a maldade que praticaram enquanto encarnados. Estes se libertarão delas somente no momento em que evoluírem.

É o caso, por exemplo, do Espírito de uma mulher que buscava entrar na câmara de retificação e que não pôde ser assistida por apresentar ainda uma vibração extremamente negativa e por não ter remorso pelos crimes que praticou, apresentando um dos mais graves casos de vampirismo já vistos pelo irmão Paulo, o vigilante da câmara de retificação. Essa mulher tinha, em seu períspirito, 58 pontos escuros, gerados pelos abortos que havia praticado enquanto exercia a função de ginecologista, e sua imagem se assemelhava à de uma mendiga.

Segundo o Espiritismo, a constituição física dos habitantes difere de mundo para mundo, embora a forma corpórea seja a mesma da do homem terrestre, com menor ou maior embelezamento e perfeição, segundo a condição moral dos habitantes. Mesmo os mundos afastados do Sol têm outras fontes de luz e calor, adequadas à constituição dos respectivos habitantes.

Assim como as pessoas são diferentes, os Espíritos também o são. Todos eles pertencem a uma classe diferente, sendo divididos em três ordens.

Os mais evoluídos são os Espíritos puros. Estes já não recebem nenhuma influência da matéria e são identificados por uma superioridade moral e intelectual se comparados aos Espíritos de outras ordens. Em *Nosso Lar*, nenhum Espírito possui essa classificação.

A segunda ordem é formada por Espíritos bons, que já possuem o desejo de praticar o bem a todos indistintamente e já têm a predominância da espiritualidade, porém ainda não alcançaram o grau de Espírito puro.

Já a terceira ordem é formada pela maioria dos encarnados no planeta. Neles, ainda predominam a materialidade, a ignorância, o orgulho, o egoísmo e todas as paixões decorrentes dessas imperfeições. Todos os Espíritos que se encontram ainda na condição de inferioridade podem evoluir até chegar ao estágio de Espírito puro. Os Espíritos só evoluem e nunca regridem, ficando, algumas vezes, estacionados por um tempo, até retomarem o caminho do bem.

O local em que um Espírito vai reencarnar é determinado pelo seu grau de evolução e de afinidade com os que estão próximos. Assim, por exemplo, quando se vê André Luiz no Umbral (termo que será explicado mais adiante), percebe-se facilmente que ele está lá, pois tinha afinidade com os Espíritos que ali se encontravam. Quando conseguiu se desvencilhar da revolta, pôde se relacionar com os moradores de *Nosso Lar*, sendo conduzido até lá.

Os tipos de mundo em que um Espírito pode reencarnar são classificados da seguinte maneira pelo Espiritismo:

- *Mundos primitivos*: locais das primeiras encarnações da alma. Neles, os Espíritos ainda são inferiores aos que habitam o nosso planeta e apresentam forte instinto animal.
- *Mundos de expiação e provas*: onde o domínio ainda é do mal mesmo havendo muitos espíritos bons, aqui, encarnados. Esse é o estágio atual do planeta Terra.

- *Mundos de regeneração*: neles, as almas ainda têm o que expiar, mas já estão totalmente comprometidas com a sua evolução, e o bem já impera.
- *Mundos ditosos*: neles, há predomínio total do bem. Os Espíritos já estão desapegados de qualquer tipo de paixão.
- *Mundos celestes ou divinos*: onde só vivem Espíritos evoluídos. Neles, reina exclusivamente o bem.

Segundo o Espiritismo, a Terra é um planeta ainda de provações e expiações, onde convivem, nem sempre em harmonia, Espíritos bons e Espíritos ainda maus, que juntos têm a oportunidade de aprender com essa convivência. Porém, o planeta está passando por uma transição e, em breve, passará a ser classificado como de regeneração; nesse momento, só encarnarão aqui Espíritos que estiverem em uma condição de evolução melhor, adequada e sintonizada com a nova realidade do planeta.

Este cenário de mudança é apresentado aos espíritas na *Gênese* escrita por Allan Kardec. Longe de prever catástrofes ou cataclismas, Kardec afirma que a evolução do planeta será gradativa e que só terá lugar no planeta aqueles encarnados que se predispuserem a colocar em prática os ensinamentos deixados por Jesus há mais de 2000 anos.

O Espiritismo afirma que o planeta é regido pela Lei do Progresso, o que indica que ele deve progredir, fisicamente, pela transformação dos elementos que o compõem e, moralmente, pela depuração dos Espíritos encarnados e desencarnados que o povoam. Fisicamente, a Terra tem experimentado transformações que a Ciência tem comprovado e que a tornaram sucessivamente habitada por seres cada vez mais aperfeiçoados. Moralmente, a humanidade progride pelo desenvolvimento da inteligência, do senso moral e do abrandamento dos costumes.

As instruções dadas pelo Espiritismo revelam que este progresso se dá de duas maneiras: uma, lenta, gradual e quase imperceptível; a outra caracterizada por mudanças bruscas, a cada uma das quais corresponde um movimento ascensional mais rápido, que assinala, mediante impressões bem acentuadas, os períodos de progresso da humanidade.

O Espiritismo prevê um movimento universal, visando ao progresso moral da humanidade, e que fará com que a geração futura tenha ideias e sentimentos distintos dos da geração presente. Allan Kardec, entretanto, adverte que uma mudança tão radical como a que se está elaborando não pode realizar-se sem comoções:

> *Há, inevitavelmente, uma luta de ideias. Desse conflito forçosamente se originarão perturbações passageiras. É, pois, da luta das ideias que surgirão os graves acontecimentos preditos e não de cataclismos ou catástrofes puramente materiais.*

Segundo o Espiritismo essa fase já se iniciou e pode ser percebida por sinais inequívocos, por tentativas de reformas úteis e que começam a encontrar eco, afirma Kardec:

> *Assim é que vemos fundar-se uma imensidade de instituições protetoras, civilizadoras e emancipadoras, sob o influxo e por iniciativa de homens evidentemente predestinados à obra da regeneração; que as leis penais se vão apresentando dia a dia impregnadas de sentimentos mais humanos. Enfraquecem-se os preconceitos de raça, os povos passam a se considerar membros de uma grande família; pela uniformidade e facilidade dos meios de realizarem suas transações, eles suprimem as barreiras que os separavam.*

Segundo ainda o codificador, outro sinal não menos característico do período em que a humanidade está entrando encontra-se na reação que se opera no sentido das ideias espiritualistas, e na repulsão instintiva que se manifesta contra as ideias materialistas.

Como visto, a fase atual é de transição. Nela, confundem-se os elementos das duas gerações, afirma Kardec em *A Gênese*:

> *Colocados no ponto intermédio, assistimos à partida de uma e à chegada da outra, já se assinalando cada uma, no mundo, pelos caracteres que lhes são peculiares. Têm ideias e pontos de vista opostos as duas gerações que se sucedem. Pela natureza das disposições morais, porém, sobretudo das disposições intuitivas e inatas, torna-se fácil distinguir a qual das duas pertence cada indivíduo. Cabendo-lhe*

fundar a era do progresso moral, a nova geração se distingue por inteligência e razão geralmente precoce, junta ao sentimento inato do bem e a crença espiritualista, o que constitui sinal indubitável de certo grau de adiantamento anterior. Não se comporá exclusivamente de Espíritos eminentemente superiores, mas dos que, já tendo progredido, se acham predispostos a assimilar todas as ideias progressistas e aptos a secundar o movimento de regeneração.

A cada existência encarnada, o Espírito passa por diferentes experiências, novos aprendizados e provações, para que possa aprender, algumas vezes, com os próprios erros. Para facilitar o aprendizado, no momento de reencarnar, o Espírito se esquece de tudo o que viveu em existências anteriores visando a oportunidade de um recomeço sem os traumas do passado, ainda que certas reminiscências e tendências fiquem registradas no Espírito. Alguns Espíritos podem escolher as provas pelas quais vão passar enquanto estiverem encarnados. A escolha dessas provas sempre tem como critério propiciar o desenvolvimento do Espírito. Assim, por exemplo, um Espírito que em outra vida fez mau uso do dinheiro, cedendo a todo tipo de paixão, pode escolher, nesta existência, vir privado de recursos materiais, para aprender a valorizar coisas mais elevadas. Ou então, alguém que veio com uma aparência muito bonita e deixou-se levar pelo orgulho pode escolher vir com uma aparência considerada feia, para não sucumbir de novo ao orgulho.

Porém, em muitos casos se processa a reencarnação compulsória, em que o Espírito não tem ainda esclarecimento suficiente para escolher as provas pelas quais deve passar, e então, é obrigado a seguir o planejamento feito pela espiritualidade e, muitas vezes, nem o desejo de reencarnar está presente no Espírito. A mãe de André Luiz traz, em *Nosso Lar*, o seguinte esclarecimento sobre o assunto:

Há reencarnações que funcionam como drásticos. Ainda que o doente não se sinta corajoso, existem amigos que o ajudam a sorver o remédio santo, embora muito amargo. Relativamente à liberdade irrestrita, a alma pode invocar esse direito somente quando compreende o dever e o pratica. Quanto ao mais, é indispensável reconhecer que o deve-

dor é escravo do compromisso assumido. Deus criou o livre-arbítrio, nós criamos a fatalidade. É preciso quebrar, portanto, as algemas que fundimos para nós mesmos.

O Espiritismo revela que todos estão submetidos à lei de causa e efeito. Assim, as deficiências apresentadas nesta encarnação são consequências de atos praticados em outras existências. Como a reencarnação é o processo pelo qual o Espírito se aperfeiçoa, é necessário, em determinados pontos, reparar os delitos cometidos no passado. A causa da deficiência mental, por exemplo, está diretamente ligada ao Espírito, que tenta reequilibrar as próprias energias, buscando a harmonia que lhe falta, por meio de uma vida física limitada.

No livro *Recordações da mediunidade*, o espírito Bezerra de Menezes mostra que muitos casos de retardamento mental e de problemas epilépticos profundos são ocasionados pelo suicídio em uma encarnação anterior, não como castigo, mas pelo traumatismo violento que lesou o perispírito. Ele diz ainda que, muitas vezes, esses males são também ocasionados pelo remorso do mal praticado em vidas anteriores.

André Luiz, no livro *Evolução em dois mundos*, mostra as consequências do remorso que gera anomalias muito grandes no corpo físico e explica:

> *A recordação dessa ou daquela falta grave que fica calcada no Espírito sem que tenha tido oportunidade de desabafo ou correção cria na mente um estado anormal que classificamos de zona de remorso, provocando distonias diversas de uma encarnação para outra.*

Em *Nosso Lar*, vemos dois casos de relatos de próximas reencarnações dos Espíritos que lá se encontravam e que retornariam à Terra com pessoas que, anteriormente, tiveram existência em comum, visando a auxiliá-las e, assim, a evoluírem juntos.

O primeiro deles é o da mãe de André Luiz (que não teve seu nome apresentado no livro), que reencarnaria novamente como esposa de Laerte, visando a auxiliá-lo, já que ele estava há anos no Umbral sem conseguir se desvencilhar das duas mulheres que foram suas amantes enquanto encarnado e que agora o vampirizavam. Em conversação com André Luiz, ela justificou: "Não posso trazer o inferior para o superior, mas posso fazer o contrário. Que me resta, senão isso?".

Essas duas mulheres retornariam também ao planeta como suas filhas, a fim de que pudesse auxiliá-las e se aproximar delas por causa da relação materna. Na Terra, todos eles terão o esquecimento provisório do que aconteceu anteriormente, e assim, poderão desenvolver um novo laço afetivo baseado no respeito mútuo.

O segundo caso relatado é o de Dona Laura, mãe de Lísias, que também voltaria para se reunir novamente com seu marido e com os filhos, visando a evoluírem todos juntos.

O Espiritismo ensina que, a cada reencarnação, as pessoas esquecem os detalhes de vidas anteriores, o que facilita seu caminho rumo à evolução. Imagine descobrir que seu marido ou sua esposa o fez sofrer em outra vida, ou pior ainda, o tivesse assassinado. Será que conseguiria continuar vivendo com essa pessoa? Imagine que em outra vida você fez muito mal a algumas pessoas. Conseguiria viver com esse sentimento de culpa?

Essas questões originam boa parte das polêmicas a respeito do tema regressão. Muitos espíritas não concordam com o uso de técnicas de regressão para recordar experiências de vidas passadas, alegando que, se fosse para recordar outras existências, não haveria o esquecimento. Outros alegam que muitos acontecimentos recordados podem ocasionar novos traumas, em vez de ajudar a solucionar os existentes. No entanto, alguns são favoráveis à terapia de vidas passadas, desde que recomendada e praticada por pessoas capacitadas para tanto, isto é, psicólogos, psiquiatras, psicanalistas, médicos que, ademais do conhecimento acadêmico, tenham experiência no seu exercício.

Segundo o Espiritismo, esse assunto deve ser tratado no foro íntimo de cada um, e a decisão cabe ao praticante. Só é importante que saiba todos os riscos que corre se não procurar um profissional habilitado para essa prática, e que ela não seja somente por objeto de curiosidade, mas tenha a finalidade de curar algum possível problema ocasionado em vidas passadas. Nem todo mundo precisa recordar existências anteriores, pois muitos não sofrem com trauma de vidas passadas e necessitam apenas se concentrar no presente. Os Espíritos afirmam na pergunta 290 do *Livro dos espíritos*, quando questionados se podem revelar as existências passadas:

> *Deus, algumas vezes, permite que elas vos sejam reveladas, conforme o objetivo. Se for para vossa edificação e instrução, as revelações serão verdadeiras e, nesse caso, feitas quase sempre espontaneamente e de modo inteiramente imprevisto. Ele, porém, não o permite nunca para satisfação de vã curiosidade.*

Mesmo no plano espiritual, a lembrança de vidas passadas é feita com rígido controle, objetivando não trazer à tona lembranças anteriores que possam prejudicar o equilíbrio psíquico do Espírito.

Além disso, quando é consentido ao Espírito se recordar do passado, essa lembrança fica, em geral, limitada às últimas encarnações ou aos momentos-chave de algumas delas, visando, da mesma maneira, a não fazer com que lembranças muito desagradáveis possam prejudicar o Espírito.

Sobre esse assunto, ao ouvir o relato de experiências anteriores de Dona Laura, André Luiz tomou coragem e questionou:

> *Perdoe a curiosidade; no entanto, até agora, ainda não pude conhecer mais detidamente o que se relaciona com o meu passado espiritual. Não estou isento dos laços físicos? Não atravessei o rio da morte? A senhora recordou o passado logo após sua vinda ou esperou o concurso do tempo?*

Ela explicou que é necessário ter grande equilíbrio e livrar-se das impressões físicas para poder se recordar de coisas que, muitas vezes, nos recordam de grandes erros que cometemos. "Quem lembra o crime cometido costuma considerar-se o mais desventurado do Universo; e quem recorda o crime de que foi vítima considera-se em conta de infeliz, do mesmo modo", esclarece.

Dona Laura também esclarece que, nos primeiros tempos, tinha somente uma lembrança vaga e que, juntamente com seu marido, procurou o assistente Longobardo, que após examinar cuidadosamente suas impressões, encaminhou-os aos magnetizadores do Ministério do Esclarecimento.

Lá, eles foram direcionados à seção do arquivo, onde estão guardadas as anotações de cada um, e foram aconselhados a ler, durante o período de dois anos, as próprias memórias que ali se encontravam e que dizem respeito ao período anterior, há trezentos anos.

O chefe do serviço de recordações não permitiu que eles tivessem acesso a lembranças anteriores a este período, dizendo que estas poderiam ser muito dolorosas e que eles não eram capazes de suportá-las.

Após ler as anotações, eles passaram um longo período meditando sobre elas, e só então, foram submetidos a determinadas operações psíquicas por meio do recebimento de passes no cérebro, o que propiciou poderem entrar fundo em suas lembranças e conhecerem os últimos trezentos anos de história do casal. Com isso, viram que ainda eram muito devedores e combinaram reencarnar juntos no planeta.

Referente à escolha da família em que o Espírito vai reencarnar, esta nem sempre se dá por meio de afinidade entre os futuros familiares. Muitas vezes, o laço entre eles será somente corporal, e os Espíritos serão colocados na mesma família para que possam superar desavenças do passado e evoluir juntos.

Durante a gestação, o Espírito já passa a conviver com a mãe para se ambientar a ela e ao planeta, guardando consigo algumas impressões desse período. Assim, o amor dos pais nesse período o ajuda a ganhar ânimo. Já as brigas entre os pais podem gerar traumas e medos no Espírito, e estes o acompanharão enquanto encarnado.

O Espiritismo ensina que a reencarnação é o instrumento pedagógico de que Deus se utiliza para proporcionar a oportunidade da evolução espiritual rumo à perfeição possível. Portanto, permitir, por meio da paternidade ou da maternidade, o retorno de um espírito que necessita reencarnar para evoluir é um ato de amor e de caridade. Porém, o casal tem o direito de fazer a sua programação familiar e definir quantos filhos terão, levando em consideração fatores inclusive de ordem econômica. A questão, portanto, é complexa e deve ser analisada conforme cada caso. Havendo razões realmente justas, pode o homem limitar sua prole, principalmente se o casal já possui filhos e entender que não mais convém ter outros. Assim, o uso de anticoncepcional e outros métodos contraceptivos não são proibidos pelo Espiritismo, exceto aqueles considerados abortivos como o DIU e a pílula do dia seguinte.

Encontros com conhecidos no mundo espiritual

"Ninguém quer saber o que fomos, o que possuíamos, que cargo ocupávamos no mundo; o que conta é a luz que cada um já tenha conseguido fazer brilhar em si mesmo."

Chico Xavier

Por que será que eu nasci em determinada família? Será que existe alma gêmea? Quando desencarnar, será que eu poderei reencontrar meus entes queridos? Viverei do outro lado com minha esposa, meu marido ou meus filhos?

Essas são dúvidas comuns de quem começa a estudar a vida do outro lado. É natural esperar ser recepcionado por amigos e parentes que desencarnaram antes. Ao ler *Nosso Lar*, vemos que isso é claramente possível, mas não está exclusivamente sob a nossa vontade.

Da mesma maneira, ao desencarnar, é natural querer ter notícias daqueles que continuam encarnados no planeta. Chico Xavier dizia que "o telefone toca de lá para cá", afirmando assim que são os Espíritos que fazem o contato com os médiuns, e não o contrário. Mas será que a todo Espírito é dada a oportunidade de entrar em contato com seus parentes na Terra?

Ao ser atendido pelo irmão Herinque de Luna, do serviço de assistência médica da colônia espiritual, André Luiz tinha, entre seus muitos questionamentos, um que o atormentava sobremaneira: "Que terá sido feito de minha esposa Zélia e de meus filhos?", pensava.

Em certo momento, André Luiz teve a oportunidade de questionar o amigo Lísias sobre a possibilidade de encontro com aqueles que o antecederam na morte do corpo físico. Ao receber uma resposta afirmativa de Lísias, André perguntou, reticente:

> *Por que não me visitam? Na Terra, sempre contei com a abnegação maternal. Minha mãe, entretanto, até agora não deu sinal de vida. Meu pai, igualmente, fez a grande viagem três anos antes do meu trespasse.*

Foi só então que André recebeu o esclarecimento de que sua mãe o havia ajudado dia e noite, desde o momento em que ficou doente até o tempo de oito anos que passara no Umbral. Nesse período, ela havia intercedido muitas vezes a seu favor, rogando a Clarêncio, que passou a visitá-lo frequentemente, até que, vencido pelo cansaço, André percebesse a presença do querido instrutor. Porém, por estar menos evoluído, ele não conseguiu sentir a presença da mãe durante os oito anos que passou no Umbral.

No plano espiritual, desde que foi socorrido inicialmente, ele nutria forte desejo de encontrar sua mãe e também seu pai. Porém, foi pouco a pouco que recebeu esclarecimentos a respeito. Sua mãe, por exemplo, estava em esfera mais elevada e só depois de algum tempo teve permissão para ir visitá-lo em Nosso Lar. Assim, vemos que a um Espírito superior pode ser permitida a visita a um Espírito menos evoluído, porém o contrário não acontece. Por essa razão, a mãe dele foi quem teve a oportunidade de visitá-lo, algum tempo depois que ele foi socorrido.

Na visita, ela também trouxe notícias sobre Laerte, seu pai, que se encontrava em pior situação. Estava há doze anos vagando por uma região do Umbral. Na Terra, sempre parecera fiel às tradições da família, arraigado ao cavalheirismo do alto comércio, a cujos quadros pertenceu até o fim da existência, e ao fervor do culto externo, em matéria religiosa, mas, no fundo, era fraco e mantinha ligações clandestinas fora do lar. Duas delas estavam mentalmente ligadas à vasta rede de entidades maléficas, e tão logo desencarnou, a passagem ao Umbral lhe foi muito amarga, pois as duas o aguardavam lá, prendendo-o de novo às teias da ilusão.

Sua mãe, já desapegada das paixões, visitava constantemente Laerte. Porém, era preciso a adesão mental dele para tirá-lo de lá, coisa que estava muito difícil de conseguir, tal a ligação dele com a mentira e com as duas mulheres. André também ficou sabendo que suas irmãs Clara e Priscila viviam no Umbral. Já a irmã Luisa, depois de tentar auxiliar os parentes juntamente com a sua mãe, preparava-se para reencarnar na mesma família, a fim de auxiliar a minimizar as grandes perturbações pelas quais esse lar estava passando.

Em Nosso Lar, André também tomou contato com outro caso de separação e reencontro espiritual, que se deu entre Hilda e Tobias. Eles haviam se casado ainda na Terra, quando eram muito jovens. Porém, poucos anos depois, ela veio a desencarnar durante o nascimento do seu segundo filho. Um sofrimento enorme se abateu sobre o marido, que ficou na Terra e que chorava o tempo todo. Da mesma maneira, ela se via sem forças para sufocar a própria angústia, tendo ficado por tempos no Umbral após o desencarne. De tempos em tempos, ela voltava ao velho lar e ficava agarrada, em desespero, ao marido e ao casal de filhinhos.

Porém, um ano após o seu desencarne, o marido decidiu casar-se com Luciana. Hilda se revoltou com a situação e só pensava em se vingar dela, aniquilando-a. Ao receber a visita de sua avó materna, ela conseguiu se esclarecer à medida que esta dizia que Luciana estava ali para cuidar de seus filhos, de sua casa, de seu marido, e tinha o direito de assumir o papel de companheira dele.

Sendo recolhida pela avó e trazida a Nosso Lar, ao se despojar daquele ódio que a consumia, ela entendeu a situação e passou a ver Luciana como mais uma filha.

Ao desencarnar, Tobias se reuniu novamente com Hilda, e logo depois, foi a vez de Luciana desencarnar e juntar-se à família.

Luciana esclareceu a André Luiz a visão dela sobre a situação, dizendo que foi graças à atitude de Hilda que ela pôde aprender que "há casamento de amor, de fraternidade, de provação, de dever, e no dia em que Hilda me beijou, perdoando-me, senti que meu coração se libertara desse monstro que é o ciúme inferior".

André aproveitou o ensejo para questionar sobre como se realizaria o casamento em Nosso Lar. Foi a vez de Tobias esclarecê-lo de que é pela combinação vibratória desencadeada pela afinidade máxima ou completa.

Luciana também aproveitou um questionamento de André Luiz para esclarecer que já havia compreendido que o seu casamento com Tobias foi apenas uma união fraternal, acima de tudo. Ela, inclusive, já estava noiva de seu nobre companheiro de muitas etapas terrenas, que a precedeu a alguns anos, regressando ao círculo carnal. No próximo ano, seria a vez de ela ir ao seu encontro, reencarnando em São Paulo.

Intrigado com a história, André foi conversar com Dona Laura a respeito disso e perguntou se todo homem e toda mulher que se tenham casado mais de uma vez restabelecem em Nosso Lar o núcleo doméstico, fazendo-se acompanhar de todas as afeições que hajam conhecido, como no caso de Hilda, Luciana e Tobias. Ele recebeu o seguinte esclarecimento:

> *[...] O caso Tobias é o caso de vitória da fraternidade real, por parte das três almas interessadas na aquisição de justo entendimento. Quem não se adaptar à lei de fraternidade e compreensão, logicamente não atravessará essas fronteiras. As regiões obscuras do Umbral estão cheias de entidades que não resistiram a semelhantes provas. Enquanto odiarem, se assemelharão a agulhas magnéticas sob os mais antagônicos influxos; enquanto não entenderem a verdade, sofrerão o império da mentira, e consequentemente, não poderão penetrar as zonas de atividade superior. São incontáveis as criaturas que padecem longos anos, sem qualquer alívio espiritual, simplesmente porque se esquivam à fraternidade legítima. [...] Depois de padecimentos verdadeiramente infernais, pelas criações inferiores que inventam para si mesmas, vão fazer na experiência carnal o que não conseguiram realizar em ambiente estranho ao corpo terrestre. Concede-lhes a Bondade Divina o esquecimento do passado, na organização física do planeta, e vão*

receber, nos laços da consanguinidade, aqueles de quem se afastaram deliberadamente pelo veneno do ódio ou da incompreensão.

Nessa conversa, Dona Laura trouxe ainda um esclarecimento sobre a visão espírita do casamento:

Aos Espíritos ainda em simples experiência animal, nossa conversação não interessa; mas, para nós, que compreendemos a necessidade da iluminação com o Cristo, é imprescindível destacar não só a experiência do casamento, mas toda experiência de sexo, por afetar profundamente a vida da alma.

O reencontro de André com Zélia demorou mais tempo. O recebimento de informações sobre seus parentes que ainda se encontravam na Terra não foi permitido até que completasse um ano em Nosso Lar. Isso aconteceu porque os instrutores da colônia sabiam o quanto seria difícil, para André, encontrar outro homem casado com sua mulher, coisa que ele jamais imaginara que pudesse acontecer, e temiam as consequências que isso poderia ter no seu equilíbrio emocional. Ele narra assim esse encontro:

O coração me batia descompassado, à medida que me aproximava do grande portão de entrada. O vento, como outrora, sussurrava carícias no arvoredo do pequeno parque [...] Ébrio de felicidade, avancei para o interior. Tudo, porém, denotava diferenças enormes. Onde estariam os velhos móveis de jacarandá? E o grande retrato onde, com a esposa e os filhinhos, formávamos gracioso grupo? Alguma coisa me oprimia ansiosamente. Que teria acontecido? Comecei a cambalear de emoção. Dirigi-me à sala de jantar, onde vi a filhinha mais nova transformada em jovem casadoura. E, quase no mesmo instante, vi Zélia que saía do quarto, acompanhando um cavalheiro que me pareceu médico, à primeira vista. Gritei minha alegria com toda a força dos pulmões, mas as palavras pareciam reboar pela casa sem atingir os ouvidos dos circunstantes. Compreendi a situação e calei-me, desapontado. Abracei-me à companheira, com o carinho da minha saudade imensa, mas Zélia parecia totalmente insensível ao meu gesto de amor.

Mas a surpresa de André Luiz estava apenas começando. Na sequência, ele viu Zélia perguntar algo a um cavalheiro que lá estava e conseguiu compreender apenas que se referia a um tal de Dr. Ernesto e disse que este se encontrava com uma pneumonia bastante complicada, inspirando repouso absoluto.

O tiro de misericórdia foi quando André ouviu Zélia suplicar ao doutor que o salvasse, por caridade, pois ela não suportaria uma segunda viuvez.

A ideia de outro homem no seu lar, tomando seu lugar, e de que a esposa o teria esquecido tocou fortemente o Espírito de André Luiz, mesmo após ter passado um ano trabalhando na colônia Nosso Lar, somando-se a esse período os oito anos em que esteve no Umbral; não imaginara que sua mulher tivesse contraído núpcias com outro homem.

Em outros tempos, ele teria se revoltado, mas ali, já não era mais aquele homem endurecido, e a única coisa que fez foi sentar-se, decepcionado, e observar Zélia entrando no aposento e dele saindo, tratando do enfermo com a ternura que, em outros tempos, fora dispensada a ele.

Encontrou também na casa uma de suas filhas já casada e com um filhinho no colo, conversando com a irmã. Ela, que tinha uma forte sensibilidade, relatou que, desde cedo, havia pensado muito em seu pai. Porém, Zélia, ao ouvir isso, respondeu, enérgica:

Ora essa! Era o que nos faltava!... Aflitíssima como estou, tolerar as suas perturbações. Que passadismo é esse, minha filha? Já proibi a vocês, terminantemente, qualquer alusão, nesta casa, a seu pai. Não sabe que isso desgosta o Ernesto? Já vendi tudo quanto nos recordava aqui o passado morto; modifiquei o aspecto das próprias paredes, e você não me pode ajudar nisso?

André Luiz não se reconheceu mais naquele lar e entendeu o porquê de os amigos espirituais tentarem, por vezes, adiar seu retorno ao lar terreno. Ficou exausto e entristecido, tendo somente aceitado a situação após uma conversa com Clarêncio, em que o instrutor rememorou-lhe o ensino de Jesus que dizia para amar a Deus sobre todas as coisas e ao próximo como a si mesmo.

Foi então que se lembrou da companheira Narcisa, de Nosso Lar, e resolveu se concentrar e solicitar a sua ajuda, pois Narcisa tinha muita experiência naquele tipo de atendimento.

Ao chegar, ela aplicou passes de reconforto ao doente, isolando-o das formas escuras que estavam ao seu lado. Iniciou o tratamento ao enfermo por meio de ervas que retirou da natureza. Foi dessa maneira que Ernesto conseguiu se curar da pneumonia.

Depois disso, André deixou sua antiga casa e retornou a Nosso Lar em companhia de Narcisa, e pela primeira vez, experimentou a capacidade de volitação, rompendo enorme distância em pouco tempo.

Tendo concluído a mais dura prova desde que desencarnara, André Luiz foi declarado cidadão de Nosso Lar pelo Ministro Clarêncio.

Esses dramas familiares são pano de fundo em Nosso Lar para abordar a questão da continuidade do casamento na espiritualidade. Por esses relatos, vemos que existem relações em que o sentimento de amor é real, e que, para estas, o desencarne não é barreira. Porém, para estarem juntos fora da Terra, os Espíritos têm de estar em patamar parecido de evolução. Quando não estão, em geral, o mais evoluído requer o concurso da espiritualidade para que eles reencarnem novamente como casal no planeta, a fim de buscarem juntos a evolução.

O Espiritismo explica bem o assunto afinidade quando fala a respeito das almas gêmeas. Mesmo que os apaixonados de todo o mundo possam se decepcionar, ele afirma que não existem almas gêmeas no sentido que normalmente se dá a esse termo. Não há um homem criado especialmente para uma mulher ou vice-versa. Essa ideia, usada para justificar paixões transitórias, é puramente humana e nada tem a ver com as informações trazidas pelos Espíritos. O que pode existir é uma grande afinidade entre duas pessoas, movida, principalmente, pela convivência em diversas existências e que faz os dois Espíritos quererem sempre estar juntos.

Como mencionado, o fato de duas pessoas formarem um casal nesta existência não significa que, ao desencarnarem, os dois estarão juntos, pois isso depende de eles estarem no mesmo grau de evolução moral e afinados no mesmo objetivo.

Uniões feitas na Terra unicamente por conveniência ou para satisfação de paixões e desejos, em geral, extinguem-se com o desencarne de um dos cônjuges, e cada Espírito parte em rumo de seu caminho, que nesse caso, em geral, é separado do caminho do outro.

Em conversação com Lísias, André fica sabendo que este o apresentaria à sua noiva Lascínia. Intrigado sobre a possibilidade de noivado no plano espiritual, ele questiona o amigo a respeito disso, e este confirma a existência de noivados lá e esclarece:

> *O noivado é muito mais belo na espiritualidade. Não existem véus de ilusão a obscurecer-nos o olhar. Somos o que somos. Lascínia e eu já fracassamos muitas vezes nas experiências materiais. Devo confessar que quase todos os desastres do pretérito tiveram origem na minha imprevidência e absoluta falta de autodomínio. A liberdade que as leis sociais do planeta conferem ao sexo masculino ainda não foi devidamente compreendida por nós outros. Raramente algum de nós a utiliza no mundo em serviço de espiritualização. Amiúde, convertemo-la em resvaladouro para a animalidade. As mulheres, ao contrário, têm tido, até agora, a seu favor, as disciplinas mais rigorosas. Na existência passageira, sofrem-nos a tirania e suportam o peso das nossas imposições; aqui, porém, verificamos o reajustamento dos valores. Só é verdadeiramente livre quem aprende a obedecer. Parece paradoxo, e todavia, é a expressão da verdade.*

Aproveitando o assunto, ele questiona se eles voltariam a reencarnar juntos no planeta. Lísias responde que, em breve, eles morariam juntos em Nosso Lar e que, provavelmente, em trinta anos, aproximadamente, voltariam à Terra.

Essa passagem nos mostra a possibilidade de noivado e casamento no outro lado entre espíritos afins, e também, que estes podem viver juntos na espiritualidade e, em determinado momento, reencarnar e continuar a história em comum aqui na Terra.

Porém, nem todos os Espíritos que constituem família no planeta Terra nutriam na espiritualidade um amor fraternal. Muitas vezes, diferentes motivos fazem com que pessoas decidam se casar e, algumas vezes, esses casamentos, que não são frutos de grande afinidade, acabam tendo como desfecho a separação conjugal.

Referente ao assunto separação, o Espiritismo não prega o sofrimento. Ele define a união de duas pessoas como um ato de responsabilidade mútua e não faz apologia ao divórcio. Mas, por outro lado, não obriga que duas pessoas que não têm como continuar juntas mantenham-se casadas, deixando claro, entretanto, que cada um responderá por seus atos, perante a sua consciência e referente a todos os fatos de que participou e foi causador.

Ao falar sobre casamento, o Espiritismo separa as uniões verdadeiras das de aparência. Segundo Allan Kardec, em *O Evangelho Segundo o Espiritismo*:

> *O divórcio é lei humana que tem por objeto separar legalmente o que já, de fato, está separado. Não é contrário à lei de Deus, pois reforma o que os homens fizeram e só é aplicável nos casos em que não se levou em conta a lei divina. Quando um homem e uma mulher se unem por laços de afeto mútuo e afinidade entre os espíritos, essa união é, por si só, indissolúvel, porque está de acordo com as leis de Deus. Caso contrário, quando predominam os interesses puramente materiais, é fonte de dores e sofrimentos, por contrariar a lei de amor.*

O Espiritismo então prega que as separações são contrárias à lei de Deus somente se forem para atender interesses circunstanciais e materiais, mas, se for para evitar males maiores, não. "É mais humano, mais caridoso e mais moral, restituir a liberdade a seres que não podem mais viver juntos, do que mantê-los unidos", afirma Kardec.

O mundo dos Espíritos – O Umbral

"Perguntando-me a mim mesmo se não enlouquecera, encontrava a consciência vigilante, esclarecendo-me que continuara a ser eu mesmo, com o sentimento e a cultura colhidos na experiência material.... A quem recorrer? Por maior que fosse a cultura intelectual trazida do mundo, não poderia alterar, agora, a realidade da vida."

André Luiz

Nosso Lar foi o primeiro livro a apresentar em detalhes o mundo dos Espíritos, conhecido também como plano espiritual. A leitura de suas páginas iniciais já apresenta em detalhes o Umbral e pode trazer certo medo a quem está tomando o primeiro contato com o estudo da vida do outro lado, já que André narra que estava em uma região escura, lamacenta, envolvida em uma névoa espessa e era atormentado por figuras diabólicas com expressões animalescas. Todas as características que representariam o inferno para as religiões cristãs.

André Luiz é minucioso na descrição do que seria o Umbral, mostrando que ele começa na crosta terrestre, ou seja, é um lugar muito próximo à Terra. Ao narrar o que motiva alguém a ir para o Umbral após a morte, ele descreve a seguinte situação:

Quando o Espírito reencarna na Terra, ele se prontifica a cumprir o programa de serviços do Pai. Porém, ao rememorar experiências no plano, acaba, muitas vezes, por não cumpri-la, rendendo-se ao egoísmo e às paixões. Para que não volte ao plano mais "elevado" em piores condições do que partiu, ele é guiado mentalmente, por afinidade, ao Umbral, onde poderá esgotar os resíduos mentais, uma espécie de purgatório, e lá, pouco a pouco, poderá se livrar das desilusões e do apego à materialidade.

No Umbral concentram-se almas ignorantes que não são suficientemente perversas para serem enviadas a colônias de reparação mais dolorosas, como a Trevas, nem bastante nobres para serem conduzidas a planos mais elevados.

Lá, agrupam-se revoltados de toda espécie, como Espíritos infelizes, malfeitores e vagabundos de várias categorias. O que rege a sua organização é a lei do "cada um por si", e cada Espírito lá permanece pelo tempo que se fizer necessário. A imagem certamente lembra a do imaginário coletivo do que seria o inferno, apresentado pelas religiões cristãs.

O Espiritismo afirma que o céu ou o inferno, como lugares circunscritos, não existem. Allan Kardec, no livro *O céu e o inferno*, diz que o céu, o purgatório e o inferno são, essencialmente, estados de consciência, e não propriamente lugares físicos.

Essa definição gera certa dúvida, uma vez que André Luiz, como se viu no início deste capítulo, descreve o Umbral como um local próximo à crosta terrestre e que abriga uma imensidão de Espíritos em desespero e revolta. Porém, o Umbral apresentado por André Luiz nada tem de contrário ao que escreveu Kardec.

Algumas vezes, por meio de afinidade de pensamentos negativos, os Espíritos agrupam-se em determinadas regiões do mundo astral – a principal delas é justamente o Umbral –, dando origem a ambientes desagradáveis onde reina o sofrimento. Já os Espíritos mais evoluídos se agrupam em colônias onde reinam a paz e a harmonia.

Se o céu e o inferno não existem, tão pouco existem os anjos e os demônios. O Espiritismo ensina que Deus – que é soberanamente justo e bom – não poderia ter criado seres destinados infinitamente a permanecer no mal, e da mesma forma, não poderia ter criado Espíritos perfeitos desde sua origem sem que eles fizessem esforço para isso. Como visto anteriormente, todos eles são criados simples e ignorantes, e por meio das experiências, vão adquirindo saber e moralidade até atingirem a perfeição.

No Espiritismo, o termo demônio é usado para denominar os Espíritos que ainda não evoluíram moralmente e que ainda se comprazem no mal, mas que, um dia, perceberão seus erros.

Os anjos, por sua vez, são Espíritos puros, que já evoluíram moral e intelectualmente, por meio de esforço próprio, desde a sua criação.

Como mencionado anteriormente, o céu e o inferno não existem como locais físicos, como a tradição cristã leva a crer. Céu e o inferno seriam somente estados mentais. Assim, a perturbação provocada por imperfeições, remorso e afinidade com coisas ruins levaria um Espírito a regiões como a descrita por André Luiz em *Nosso Lar* e batizada de Umbral.

Como lá se encontram Espíritos que desencarnaram, mas que estão ainda muito apegados a coisas materiais, que sentem revolta, que ainda buscam o mal e que acabam indo para essa região por se identificar com o estado mental daqueles que estão por lá, o Umbral representa o local que concentra boa parte dos Espíritos pouco evoluídos.

Muitas vezes, quando alguém morre, pode ficar preso, por vontade própria e sem consciência disso, ao ambiente em que vivia na Terra. É comum Espíritos permanecerem nas mesmas casas, trabalhos ou próximos a parentes, até conseguirem se desprender do vínculo mental que têm com as pessoas, os lugares ou as coisas a que estavam ligados em vida. André Luiz, por exemplo, narra que perdera a noção do tempo durante o período que estava lá. Pensara se tratar de poucos dias, mas depois, descobriu que ficou naquela região por aproximadamente oito anos.

Ele narrou também que podia sentir seu pulmão respirar. Tinha medo, fome, sede, frio e fazia suas necessidades fisiológicas da mesma maneira que quando estava encarnado. Parecia que nada havia mudado com a morte, exceto pela paisagem aterradora com a qual ele estava tendo contato e da qual não conseguia fugir. Gritava, chorava e implorava piedade. Não parava de ver formas diabólicas e expressões animalescas. Os poucos momentos de paz era quando conseguia dormir, mas logo era acordado por seres monstruosos e precisava fugir deles.

Certamente, a paisagem do Umbral não era nada acolhedora... Além dessa região, *Nosso Lar* também cita rapidamente outra região, muito pior e que foi batizada como Trevas. André Luiz nos explica que não seria uma simples extensão do Umbral, como muitos pensam.

Segundo a explicação dada por Lísias para André Luiz, Trevas é a região mais inferior que ele conhecia, tratando-se de um local habitado por Espíritos altamente inferiores, ainda ligados fortemente ao mal e que ali permanecem isolados dos demais, visando a evitar que cometam mais atrocidades e contaminem Espíritos que, mesmo estando no Umbral, ainda têm dentro de si a chama do bem.

Essa explicação dá claramente uma noção de quão assustador seria as Trevas e mostra que os Espíritos que lá habitam encontram-se provisoriamente afastados do convívio com outros Espíritos que não têm tanto desejo de fazer o mal, o que nos faz ver que estes seriam muito piores em comparação aos que habitam o Umbral, e sua ida para lá poderia provocar ainda mais sofrimento para os que lá estão.

No livro *Libertação*, ditado por André Luiz a Francisco Cândido Xavier, o espírito traz mais detalhes sobre essas regiões sombrias e mostra que regiões como Trevas e também Abismo são locais onde espíritos muito endurecidos expiam seus erros, em um cenário aterrador, muito pior do que o do Umbral, que fica na crosta terrestre e muito próximo a colônias como Nosso Lar.

André, o suicida

"Todo suicídio traz consequências muito graves para as estruturas do corpo espiritual. O estudo futuro da origem da criança excepcional, por exemplo, vai abrir um campo imenso de pesquisas altamente proveitosas sobre essas repercussões. Temos visto muitas vezes o câncer infantil como consequência do suicídio em vida anterior."

Chico Xavier

"'Suicida! Suicida! Criminoso! Infame!' – gritos assim cercavam-me de todos os lados", narra André Luiz sua experiência.

Esses gritos provocavam nele uma grande revolta, pois podia ter negligenciado muitas áreas, não se considerava uma pessoa ruim, tão pouco alguém que havia auxiliado muita gente. Porém, suicida era uma coisa que ele não era, definitivamente, pensava.

Recordava-se de todo o esforço da equipe médica e dele próprio para manter-se vivo no hospital, e do quanto lutou contra a morte.

E para quê? Para chegar lá e ser chamado por todos de suicida. Isso parecia injustiça demais. "Infeliz, sim; mas suicida? Nunca! Essas encrespações, a meu ver, não eram procedentes. Eu nunca havia deixado o corpo físico à morte. Ainda julgava ouvir os últimos pareceres médicos, enunciados na própria Casa de Saúde; lembrava-me da assistência dolorosa que tivera", narrou em *Nosso Lar*.

Quando o irmão Henrique de Luna, do serviço de assistência médica da colônia espiritual, disse que era de se lamentar que André tivesse vindo pelo suicídio, este não aguentou mais ouvir aquilo e asseverou:

> *Creio que haja engano, meu regresso do mundo não teve essa causa. Lutei mais de quarenta dias, na casa de saúde, tentando vencer a morte. Sofri duas operações graves, por causa da oclusão intestinal.*

Foi então que André Luiz recebeu o esclarecimento de que o problema na região intestinal fora causado por elementos cancerígenos e que estes eram provenientes de algumas leviandades dele que causavam sífilis.

Seu modo de viver exasperado e sombrio projetava destruidoras vibrações naqueles que o ouviam. A ausência do autodomínio, tendo ofendido muitos sem refletir, agravou seu estado de saúde. O fígado e os rins também tinham sido muito maltratados. Seu aparelho gástrico foi destruído por conta de excessos de alimentação e bebidas alcoólicas. Todo esse comportamento que teve em vida o conduziu para o quadro de suicida inconsciente quando chegou ao outro lado, fazendo-o viver menos tempo do que a programação inicial da duração do seu corpo previa.

André Luiz chegou a Nosso Lar em lamentável estado, como a maioria dos desencarnados que chegam à colônia espiritual. Para se ter uma ideia, somente na seção em que estava, eram atendidos mais de mil doentes espirituais naquele momento. Lísias descreveu assim o recém-chegado: "A zona dos seus intestinos apresenta lesões sérias com vestígios muito exatos do câncer, a região do fígado revela dilacerações; a dos rins demonstra características de esgotamento prematuro".

Ao recebê-lo, ele aplicou passes magnéticos, fazendo curativos na zona intestinal, e afirmou:

> *Toda Medicina honesta é serviço de amor, atividade de socorro justo, mas o trabalho de cura é peculiar a cada Espírito. Meu irmão será tratado carinhosamente, sentir-se-á forte como nos tempos mais be-*

los de sua juventude terrena, trabalhará muito e, creio, será um dos melhores colaboradores em Nosso Lar. Entretanto, a causa dos seus males persistirá em si mesmo, até que se desfaça dos germes de perversão da saúde divina, que agregou ao seu corpo sutil pelo descuido moral e pelo desejo de gozar mais que os outros. A carne terrestre, onde abusamos, é também o campo bendito onde conseguimos realizar frutuosos labores de cura radical, quando permanecemos atentos ao dever justo.

O Espiritismo ensina que a vida é o maior dom que alguém pode receber e que tirar a própria vida é um ato contra o Criador.

Quando um Espírito encarna no planeta, já vem sabendo de antemão quanto tempo deve durar seu corpo físico e já sabe quando desencarnará se cuidar adequadamente desse corpo. Não existe fatalidade, segundo o Espiritismo. Como diz o ditado popular, ninguém morre de véspera. Se morreu, é porque a hora era chegada, e se sobreviveu, é porque ainda necessitava passar por algumas experiências.

O tempo de vida só é alterado pelo crime do suicídio ou pelo aborto, praticado contra o feto. Para o Espiritismo, o aborto é uma transgressão à lei de Deus. Trata-se de um crime tirar a vida de uma criança antes de seu nascimento, e quem o pratica adquire um débito que, necessariamente, terá de ser resgatado nesta ou na próxima encarnação.

Vale ressaltar que, desde a concepção, o Espírito se encontra ligado por um laço fluídico ao novo corpo em formação. Com o aborto, esse laço é rompido violentamente, o que pode causar enorme pertubação ao Espírito da criança e gerar, inclusive, o início de um processo obsessivo da criança para com a mãe.

O Espiritismo só admite o aborto em uma hipótese: quando o nascimento da criança colocar em perigo a vida da mãe. Nesse caso, é preferível sacrificar um ser que não existe a sacrificar a mãe. Fora dessa situação, o aborto é considerado crime contra a lei de Deus, pois impede o retorno à vida material de um Espírito que necessita dessa nova experiência para prosseguir sua evolução.

Até em caso de estupro, o Espiritismo não aconselha a prática do aborto, afirmando que, mesmo com o sofrimento causado por esse tipo de crime, a criança não pode ser responsabilizada, e portanto, tem o direito a uma nova existência.

A eutanásia também é condenada pelo Espiritismo e é considerada uma transgressão à Lei de Deus, ao abreviar o tempo de existência de um Espírito e as provas pelas quais ele tem de passar. Nas câmaras de retificação, André tem a oportunidade de abordar o tema ao conhecer o caso do pai da enfermeira Paulina, que fora vítima da eutanásia e que, agora, não consegue perdoar aqueles que praticaram esse crime. Narcisa narra da seguinte maneira esse caso:

> *Os casos de herança, em regra, são extremamente complicados. Com raras exceções, acarretam enorme peso a legadores e legatários. Nesse caso, porém, vemos não só isso, mas também a eutanásia. A ambição do dinheiro criou, em toda a família de Paulina, esquisitices e desavenças. Pais avarentos possuem filhos esbanjadores. Fui à casa de nossa amiga, quando o irmão, Edelberto, médico de aparência distinta, empregou, no genitor quase moribundo, a chamada "morte suave". Esforçamo-nos por evitar, mas foi tudo em vão. O pobre rapaz desejava, de fato, apressar o desenlace, por questões de ordem financeira, e aí temos, agora, a imprevidência e o resultado - o ódio e a moléstia.*

Da mesma maneira, o suicídio é um crime contra as leis divinas, e quem o comete acaba ficando preso ainda àquela existência até que ela esteja completada pelo tempo natural que o corpo deveria ficar no planeta, ou até que o arrependimento e a disposição a aceitar a ajuda e se redimir já esteja dentro do Espírito. Os suicidas, em geral, chegam à espiritualidade em grande condição de desequilíbrio, ocupando áreas do Umbral e se reunindo em locais como o Vale dos Suicidas, descrito em algumas obras espíritas.

Quando Allan Kardec questiona os Espíritos sobre esse assunto, na questão 944 de *O livro dos espíritos* – se "O homem tem o direito de dispor da sua própria vida?" –, os Espíritos respondem: "Não, somente Deus tem esse direito. O suicídio voluntário é uma transgressão dessa lei".

Porém, não há uma regra geral quanto às consequências para um suicida. Uma das primeiras consequências é a persistência do laço que liga o Espírito e o corpo – em caso de morte natural, esse laço seria gradualmente enfraquecido até a extinção completa da vida –, o que faz o Espírito ter a ilusão de que se encontra vivo entre os encarnados. Em outros casos, a afinidade entre o Espírito e o corpo faz o suicida sentir os efeitos da própria decomposição do corpo, a angústia e o horror. Esse estado pode persistir tão longamente quanto tivesse de durar a vida que foi interrompida. Por esse fator, vemos que o argumento espírita contra o suicídio não é apenas moral, mas também científico, pois firma-se no princípio de ligação entre o Espírito e o corpo, que não pode ser interrompido antes do momento adequado.

Outros suicidas acabam submetidos à lei de causa e efeito, e em outras encarnações, serão levados a expiar o crime que cometeram contra a sua própria vida. Mas realmente, André Luiz não havia se matado, ou pelo menos, não diretamente. Vícios como álcool, drogas, excesso de comida e estresse do dia a dia, por exemplo, podem minar pouco a pouco a resistência do corpo físico e fazer um Espírito desencarnar antes do tempo previsto, chegando ao outro lado na condição de suicida involuntário. Foi exatamente esse o caso de André Luiz.

O mundo dos Espíritos – Nosso Lar

"Porque todo aquele que invocar o nome do Senhor, será salvo."
Joel 2:32

No momento em que o desespero motivado pelo sofrimento tomou conta completamente de André Luiz, ele começou a se recordar de que deveria haver um Autor da Vida e começou a orar. Não se lembra de quanto tempo passou orando e chorando, mas lembra claramente quando avistou Clarêncio e mais dois membros do grupo que o levou para Nosso Lar, uma colônia espiritual como tantas outras, que é responsável por atender, esclarecer e auxiliar os desencarnados que buscam ajuda e que tenham méritos para recebê-la. Assim, no caso de André Luiz, ele só pôde ser recebido em Nosso Lar quando pediu com fé o auxilio, e assim, abriu seu coração para que pudesse receber a ajuda.

A colônia espiritual Nosso Lar foi fundada no século XVI por portugueses que haviam desencarnado no Brasil e situa-se, no mundo espiritual, sobre a cidade do Rio de Janeiro. O comando da colônia cabe ao governador espiritual, que é auxiliado diretamente por 72 colaboradores, que pertencem a cada um dos ministérios de Nosso Lar. No momento da redação de *Nosso Lar*, o governador comemorava 114 anos à frente da colônia espiritual de transição e foi descrito pelo autor espiritual como um Espírito de imenso valor e um trabalhador incansável, o único a não tirar férias de suas atribuições, trabalhando todos aqueles anos em prol de Nosso Lar. Em seu primeiro contato com ele, André descreve-o da seguinte maneira:

> *Nunca esquecerei o vulto nobre e imponente daquele ancião de cabelos de neve, que parecia estampar na fisionomia, ao mesmo tempo, a sabedoria do velho e a energia do moço; a ternura do santo e a serenidade do administrador consciencioso e justo. Alto, magro, envergando uma túnica muito alva, olhos penetrantes e maravilhosamente lúcidos, apoiava-se num bordão, embora caminhasse com aprumo juvenil.*

A colônia é estruturada em seis ministérios: da Regeneração, do Auxílio, da Comunicação, do Esclarecimento, da Elevação e da União Divina. Cada um deles é administrado por doze ministros, totalizando os 72 colaboradores do governador, somados a 3 mil funcionários que o auxiliam na governadoria.

Cada ministério tem sua própria atribuição; os quatro primeiros são mais próximos das esferas terrestres, enquanto o da Elevação e o da União Divina, como os próprios nomes podem sugerir, ligam os habitantes da colônia aos planos superiores.

No livro *Cidade no além*, psicografia de Chico Xavier e da médium Heigorina Cunha, que fez os desenhos da cidade, e ditado pelos espíritos Lúcius e André Luiz, vemos mapas do que seria a colônia espiritual. Pela descrição apresentada, Nosso Lar tem a forma de uma estrela de seis pontas. No centro, fica a governadoria, e cada ponta da estrela é ocupada por um dos ministérios da colônia: da Regeneração, do Auxílio, da Comunicação, do Esclarecimento, da Elevação e da União Divina.

Em suas primeiras reminiscências, André Luiz fala que ficou impressionado com as vastas avenidas, enfeitadas de árvores frondosas.

Também chamou sua atenção o ar puro e, principalmente, não haver qualquer sinal de inércia: todos tinham alguma função e trabalhavam. As vias públicas, repletas de pessoas, possuíam edifícios e casas residenciais. Ele também descreveu, em *Nosso Lar*, um grande rio chamado de Rio Azul, além do Bosque das Águas, do Campo de Música, dos parques, das fontes luminosas e de uma enorme praça central.

Outro relato muito interessante é quando ele chega à casa de Lísias, local em que vai morar. Ele descreve a casa como uma graciosa construção, cercada de colorido jardim. O ambiente interno era simples e acolhedor. Já os móveis eram quase idênticos aos terrestres. Havia também quadros, um piano e uma harpa, entre outros. Chamou a atenção de André a existência de uma casa de banho, o que nos permite ver que Espíritos faziam sua higiene íntima lá, algo curioso, em se tratando da primeira noção clássica que tínhamos de Espíritos.

Toda a colônia espiritual Nosso Lar é cercada por uma grande muralha com baterias de proteção magnética, que a protegem de invasões de Espíritos inferiores que podem tentar prejudicar a harmonia do local.

André Luiz descreve que, na época, havia 1 milhão de habitantes na colônia espiritual, e que essa população era formada por homens, mulheres, jovens e adultos, já desencarnados. Quando ele questiona o irmão Lísias sobre se todas as colônias seriam iguais a Nosso Lar, recebe o seguinte esclarecimento:

> *Não. Se nas esferas materiais cada região e cada estabelecimento revela traços peculiares, imagine a multiplicidade de condições em nossos planos. Aqui, tal como na Terra, as criaturas se identificam pelas fontes comuns de origem e pela grandeza do fim que devem atingir. Quando os recém-chegados das zonas inferiores do Umbral se revelam aptos a receber cooperação fraterna, demoram no Ministério do Auxílio; quando, porém, se mostram refratários, são encaminhados ao Ministério da Regeneração. Se revelam proveito, com o correr do tempo, são admitidos aos trabalhos de auxílio, comunicação e esclarecimento, a fim de se que preparem, com eficiência, para futuras tarefas planetárias. Somente alguns conseguem atividade prolongada*

no Ministério da Elevação, e raríssimos, em cada dez anos, os que alcançam intimidade nos trabalhos da União Divina.

Nosso Lar seria somente mais uma das inúmeras colônias espirituais que recebem os Espíritos enquanto estão desencarnados. Porém, ao conhecê-la, é possível ter uma clara noção de como seriam as demais, respeitando somente algumas diferenças e o grau de elevação dos Espíritos que lá se encontram, o que interfere em detalhes de sua constituição.

Segundo a Ministra Veneranda, Nosso Lar, como cidade espiritual de transição, é uma bênção concedida por acréscimo de misericórdia, para que alguns poucos se preparem para a ascensão, e para que a maioria volte à Terra em serviços redentores.

Alimentação no mundo dos Espíritos

"A alimentação psíquica, por intermédio das projeções magnéticas trocadas entre aqueles que se amam, é muito mais importante que o nutricionista do mundo possa imaginar."
André Luiz, Evolução em dois mundos.

Espíritos têm necessidade de comida e de água? Fazem necessidades fisiológicas? Sentem frio, calor, dor?

É muito comum confundir-se com essas questões, independente de conhecer ou não o Espiritismo. Isso decorre, basicamente, do fato de ouvirmos que necessidades eminentemente materiais não fazem parte do mundo dos Espíritos. Ao ver, em *Nosso Lar*, que André Luiz teve todas essas sensações, a confusão está instalada.

Porém, é preciso compreender que a morte é só uma transição. Não é ruptura brusca, e quanto mais o Espírito ainda está ligado à matéria, mais necessidades físicas e materiais ele terá, até que chegará o momento em que não estará mais tão ligado com a matéria, e consequentemente, essas necessidades diminuirão gradativamente.

No Umbral, região que fica próxima à crosta terrestre, os Espíritos ainda estão muito apegados à matéria, portanto é natural ter todas as sensações físicas. Ao ser socorrido em uma colônia espiritual como Nosso Lar, também é natural que o Espírito conserve boa parte das sensações e necessidades físicas e fisiológicas.

Pouco a pouco, essas necessidades vão diminuindo. Evidentemente, Espíritos mais evoluídos têm menos necessidades do que Espíritos ainda pouco evoluídos como André Luiz na época em que chegou a Nosso Lar, e que narra assim suas necessidades:

> *Torturava-me a fome. A sede me escaldava. Crescera-me a barba, a roupa começava a romper-se com os esforços da resistência [...] Persistiam as necessidades fisiológicas, sem modificação. Comia folha que não sabia do que se tratava, sorvia água de nascentes turvas, cheguei a sugar a lama do chão.*

André Luiz narra que sentia muita fome e sede enquanto estava no Umbral e que, ao chegar a Nosso Lar, recebeu uma espécie de sopa. Com isso, podemos fazer a inevitável pergunta: os Espíritos precisam continuar se alimentando de maneira igual à da Terra?

A resposta é sim e não. Inicialmente, existe uma transição, em que o Espírito está bastante apegado à matéria e conserva comportamentos, vícios e necessidades que possuía no planeta Terra. Porém, pouco a pouco, o Espírito vai se depurando, livrando-se do apego material, e nesse momento, vai reduzindo sua necessidade de alimentos similares aos do planeta, passando a tirar sua energia do ar e da água fluidificada, alimento muito consumido em Nosso Lar.

O autor relata a existência do bosque das Águas, onde fica o reservatório de água da colônia, provinda de um enorme rio azul. A água lá tem outra densidade, mais tênue, pura, quase fluídica. Em Nosso Lar, a água é usada como alimento e remédio, sendo um veículo extremamente poderoso para transmitir fluidos de diferentes naturezas. Tal a importância da água em Nosso Lar que o seu transporte é gerenciado pelo Ministério da União Divina. Sobre o assunto, o instrutor Lísias esclarece que a água no planeta não só carrega os resíduos do corpo, mas também as expressões da vida mental.

Lísias, no Capítulo 8 de *Nosso Lar*, explica a André Luiz os problemas que a colônia já enfrentou, mostrando que, no passado, a alimentação era muito similar à do planeta, mas que o governador atual implementou mudanças na alimentação, tornando-a cada vez mais sutil. Ele conta que essa transição demorou certo tempo e que gerou grande descontentamento em muitos ministérios que julgavam necessário manter alimentação similar, buscando as mesmas proteínas e vitaminas. Conta o instrutor que esses distúrbios fizeram o governador ligar pela primeira vez as baterias elétricas das muralhas da cidade, para garantir que ela não fosse atacada por Espíritos inferiores que buscavam uma oportunidade de invadir Nosso Lar. Não houve combate, e pouco a pouco, a resistência do governador propiciou a mudança nos hábitos de alimentação da colônia.

Tempos após ser socorrido e em conversação em casa de Lísias, André ouviu esclarecimentos acerca do assunto alimentação feitos por Dona Laura, mãe do amigo:

> *Nossas refeições aqui são muito mais agradáveis que na Terra. Há residências, em "Nosso Lar", que as dispensam quase por completo; mas nas zonas do Ministério do Auxílio, não podemos prescindir dos concentrados fluídicos, tendo em vista os serviços pesados que as circunstâncias impõem. Despendemos grande quantidade de energias. É necessário renovar provisões de força.*

Porém, não é só do alimento tradicional que se nutrem os moradores de Nosso Lar. Dona Laura esclarece que todo o sistema de alimentação, nas variadas esferas da vida, tem no amor a base profunda. O alimento físico é simples problema de materialidade transitória, como no caso dos veículos terrestres, necessitados de colaboração da graxa e do óleo. A alma, em si, apenas se nutre de amor, relata.

Com isso, concluímos que hábitos alimentares são característicos do estágio evolutivo. Quanto mais o Espírito se eleva, menos necessidade sente de qualquer tipo de alimentação, pois seu períspirito – espécie de interface entre o Espírito e o corpo – vai se tornando cada vez menos denso.

Transportando esse ensinamento para a nossa atual condição de encarnados, vemos que nossa dieta alimentar deve privilegiar a saúde do corpo, ou seja, enquanto alguns precisam de dietas especiais, outros usam da sua liberdade para comer carne ou ser vegetariano. O Espiritismo não impõe qualquer regra alimentar, desde que cada um tenha em mente a responsabilidade que deve assumir por seus atos. O melhor, portanto, é guiar-se por uma alimentação sadia, sem os excessos que causam danos ao organismo.

O corpo físico é o instrumento que Deus oferece para vivenciarmos uma nova experiência na Terra, indispensável à evolução. Por isso, é necessário cuidar dele como se cuida de qualquer objeto que se toma emprestado e que, um dia, terá de ser devolvido. Ao final, será necessário restituí-lo ao Criador, que dará nova destinação a ele, de acordo com as leis naturais. Portanto, o fator alimentação está incluído entre os cuidados que se deve adotar com o corpo carnal.

Transporte no mundo dos Espíritos

"A Terra é uma embarcação cósmica de vastas proporções e não podemos olvidar que o Senhor permanece vigilante no leme."

Emmanuel

Em *Nosso Lar* é apresentado, pela primeira vez, um veículo chamado aérobus, usado pelos Espíritos para se locomoverem. Trata-se, na verdade, de um grande carro ou ônibus suspenso do solo a uma altura de cinco metros, mais ou menos, e repleto de passageiros, constituído de material flexível, de enorme comprimento, ligado a fios invisíveis em razão do grande número de antenas no toldo.

Uma característica deste veículo é que ele não pode ser utilizado no Umbral, por causa da densidade da matéria lá existente. Em *Nosso Lar*, André Luiz recebe o seguinte esclarecimento de Narcisa sobre o assunto:

> *Pode você figurar um exemplo com a água e o ar. O avião que fende a atmosfera do planeta não pode fazer o mesmo na massa equórea. Poderíamos construir determinadas máquinas como o submarino; mas, por*

espírito de compaixão pelos que sofrem, os núcleos espirituais superiores preferem aplicar aparelhos de transição. Além disso, em muitos casos, não se pode prescindir da colaboração dos animais.

Por esta explicação, vemos que grupos socorristas como o dos Samaritanos, apresentado em *Nosso Lar*, usam cães para auxiliar no transporte de cargas quando em missão de resgate no Umbral.

Narcisa também narra que, em Nosso Lar, alguns habitantes podem dispensar o aérobus por terem a capacidade de volitar de um local para outro. Porém, pelo fato de a maioria não ter essa faculdade, eles se abstêm de exercê-la nas vias públicas de Nosso Lar. Essa abstenção, todavia, não impede que se utilize a volitação longe da cidade, quando é preciso ganhar distância e tempo. Um exemplo de uso da volitação foi quando Narcisa foi até a casa física de André Luiz ajudar o companheiro que buscava seu auxílio na cura de Ernesto, atual marido de Zélia, ex-mulher de André.

Ao nos depararmos com seriados de ficção científica como *Jornada nas estrelas*, vemos a possibilidade de desmaterialização, e é natural imaginar que Espíritos possam também fazer isso. Pelo exposto em *Nosso Lar*, temos relato somente da possibilidade de volitação para se deslocar rapidamente em longas distâncias.

Em *O livro dos médiuns*, Kardec relata que os Espíritos mais evoluídos podem irradiar pensamentos para vários locais simultaneamente, fazendo-se sentir por meio da presença de um médium no local. Ele compara essa possibilidade ao Sol, que mesmo estando em um determinado local, consegue irradiar calor em várias direções simultaneamente.

Como a medida de tempo na espiritualidade é diferente da existente no planeta, não temos condições de precisar a velocidade obtida por um Espírito na volitação ou mesmo a velocidade em que um aérobus pode circular.

O poder da oração

"Convém não esquecer, contudo, que a realização nobre exige três requisitos fundamentais, a saber: primeiro, desejar; segundo, saber desejar; e terceiro, merecer, ou por outros termos, vontade ativa, trabalho persistente e merecimento justo."

André Luiz

Quando André chegou ao esgotamento total por causa do sofrimento pelo qual padecia no Umbral, ele começou a se recordar de que deveria haver um Autor da Vida, e quando já lhe faltavam as forças, ele rogou ao Autor da Vida. Ele relata da seguinte maneira esse momento:

> *Quanto tempo durou a rogativa? Quantas horas consagrei à súplica, de mãos-postas, imitando a criança aflita? Apenas sei que a chuva das lágrimas me lavou o rosto; que todos os meus sentimentos se concentraram na prece dolorosa.*

Colocando-se em oração, ele teve a oportunidade de ser atendido e levado para a colônia espiritual, amparado por Clarêncio e mais dois companheiros.

Sobre o assunto, André narra: "É preciso ter sofrido muito para entender todas as misteriosas belezas da oração".

Diariamente, em Nosso Lar, no momento do crepúsculo, todos os núcleos da colônia de trabalho se ligam diretamente à Governadoria por meio da prece. André narra assim seu primeiro contato com esse evento:

> *A primeira prece coletiva, em "Nosso Lar", operara em mim completa transformação. Conforto inesperado envolvia-me a alma. Pela primeira vez, depois de anos consecutivos de sofrimento, o pobre coração, saudoso e atormentado, à maneira de cálice muito tempo vazio, enchera-se de novo das gotas generosas do licor da esperança.*

A oração, para o Espiritismo, é a maneira mais fácil de entrar em contato com Deus e com as energias de bons Espíritos. Além disso, ela tem o papel de auxiliar no reequilíbrio das pessoas que passam por dificuldades, padecem sofrimentos e passam por grandes provações.

No livro *Os mensageiros*, o segundo ditado por André Luiz a Francisco Cândido Xavier, vemos o instrutor Aniceto dar um importante esclarecimento sobre o assunto para André e para Vicente:

> *O trabalho da prece é mais importante do que se pode imaginar no círculo dos encarnados. Não há prece sem resposta. E a oração, filha do amor, não é apenas súplica; é comunhão entre o Criador e a criatura, constituindo, assim, o mais poderoso influxo magnético que conhecemos. Acresce notar, porém, já que comentamos o assunto, que a rogativa maléfica conta, igualmente, com enorme potencial de influenciação. Toda vez que o Espírito se coloca nessa atitude mental, estabelece um laço de correspondência entre ele e o Além.*
>
> *Se a oração traduz atividade no bem divino, venha donde vier, encaminhar-se-á para o Além em sentido vertical, buscando as bênçãos da vida superior, cumprindo-nos advertir que os maus respondem aos maus nos planos inferiores, entrelaçando-se mentalmente uns com os outros.*

É razoável, porém, destacar que toda prece impessoal, dirigida às Forças Supremas do Bem, delas recebe resposta imediata, em nome de Deus. Sobre os que oram nessas tarefas benditas, fluem, das esferas mais altas, os elementos-força que vitalizam nosso mundo interior, edificando-nos as esperanças divinas, e se exteriorizam, em seguida, contagiados de nosso magnetismo pessoal, no intenso desejo de servir com o Senhor.

Não existe melhor oração ou posição para rezar. O que importa não são as palavras, e sim o que está no coração de quem está orando. Em outras palavras, o desejo sincero de quem pede. Da mesma maneira, não é necessário se colocar de joelhos para orar, pois não adianta somente a aparência externa.

Essa oração pode ser feita a qualquer momento, e não é a quantidade que vai determinar seu resultado, e sim o desejo sincero.

Entender o poder da oração traz a cada pessoa um enorme benefício, pois ela tem, inclusive, propriedades terapêuticas, restabelecendo o equilíbrio e propiciando um melhor combate a enfermidades.

Nos dois momentos de grande provação de André Luiz, o primeiro deles no Umbral e o segundo quando viu sua ex-esposa casada com outro homem, André se colocou a meditar e a orar, mostrando, assim, o quanto essas ações puderam ajudá-lo em momentos de dura provação.

Trabalho, propriedade e bônus-hora

"Vinde a mim, todos os que estais cansados e oprimidos, e eu vos aliviarei. Tomai sobre vós o meu jugo, e aprendei de mim, que sou manso e humilde de coração; e encontrareis descanso para as vossas almas. Porque o meu jugo é suave e o meu fardo é leve."

Mateus 11:28-30

Como visto, Nosso Lar é uma colônia de auxílio espiritual, e principalmente, um local de trabalho. Lá, todos os moradores têm de se envolver em algum trabalho útil em prol do próximo, e o mínimo exigido é de oito horas de trabalho diário, que pode ser realizado nos diferentes ministérios da colônia, os quais possuem programas de trabalho numerosos para que todos possam se integrar a ele, independente da profissão que tiveram na Terra.

Para se ter uma ideia, segundo esclarecimento dado por Tobias a André Luiz, somente a preparação de sucos, tecidos e artefatos em geral nas fábricas de Nosso Lar dá trabalho a mais de 100 mil criaturas, que se regeneram e se iluminam ao mesmo tempo.

O número de oito horas de trabalho diário só pode ser excedido em quatro horas diárias, segundo a regra imposta pela Governadoria.

Esse número só é alterado em casos excepcionais que exijam dedicação total dos trabalhadores.

André, decorrido algum tempo que estava na colônia, sentiu a necessidade de se tornar útil e de se integrar aos trabalhos realizados. Procurou o ministro Clarêncio e pediu-lhe que o reintegrasse ao trabalho, pedido que foi prontamente atendido.

Ao descrever as oportunidades de trabalho na colônia espiritual, Lísias afirmou que estas obedeceriam a algumas condições, relatadas a seguir:

> *Quando os recém-chegados das zonas inferiores do Umbral se revelam aptos a receber cooperação fraterna, demoram no Ministério do Auxílio; quando, porém, se mostram refratários, são encaminhados ao Ministério da Regeneração. Se revelam proveito, com o correr do tempo são admitidos aos trabalhos de Auxílio, Comunicação e Esclarecimento, a fim de se prepararem, com eficiência, para futuras tarefas planetárias. Somente alguns conseguem atividade prolongada no Ministério da Elevação, e raríssimos, em cada dez anos, os que alcançam intimidade nos trabalhos da União Divina. E não suponha que os testemunhos sejam vagas expressões de atividade idealista. Já não estamos na esfera do globo, onde o desencarnado é promovido compulsoriamente a fantasma. Vivemos em círculo de demonstrações ativas. As tarefas de Auxílio são laboriosas e complicadas, os deveres no Ministério da Regeneração constituem testemunhos pesadíssimos, os trabalhos na Comunicação exigem alta noção da responsabilidade individual, os campos do Esclarecimento requisitam grande capacidade de trabalho e valores intelectuais profundos, o Ministério da Elevação pede renúncia e iluminação, as atividades da União Divina requerem conhecimento justo e sincera aplicação do amor universal.*

Da mesma forma que existe a lei do trabalho em Nosso Lar, a lei do descanso é rigorosamente observada, para que determinados servidores não fiquem mais sobrecarregados do que outros.

A cada hora de serviço, o trabalhador adquire um bônus-hora, que não é exatamente uma moeda, mas uma ficha de serviço individual com valor aquisitivo. Assim, há muita gente que consegue 72 bônus-hora por semana, contando as quatro horas extras diárias. Isso sem contar os serviços considerados de grande sacrifício, em que a remuneração é duplicada, e às vezes, triplicada.

Em Nosso Lar há serviços centrais de distribuição gratuita de vestuário e alimentação essencial a todos da colônia, mesmo para quem está abrigado ali e ainda não iniciou algum tipo de trabalho.

Porém, quem trabalha pode acumular bônus-hora para aquisição da casa própria ou para possuir as roupas que desejar. Poderá também trocá-los por oportunidade de gozar a companhia de irmãos queridos, nos lugares consagrados ao entretenimento, ou pelo contato de orientadores sábios, nas diversas escolas dos ministérios em geral.

Além disso, quanto maior a contagem do tempo de trabalho, mais intercessões o Espírito pode fazer em prol de parentes ou amigos, que necessitem de auxílio em outras regiões, como o Umbral, por exemplo.

Da mesma maneira que na Terra, a propriedade em Nosso Lar é relativa. As construções, em geral, representam patrimônio comum, sob controle da Governadoria; cada família espiritual, porém, pode conquistar um lar apresentando 30 mil bônus-hora, o que se pode conseguir com algum tempo de serviço. Vale ressaltar que a propriedade é limitada a somente um lar. A moradia de Dona Laura, por exemplo, foi adquirida pelo trabalho do seu esposo Ricardo, que veio 18 anos antes para Nosso Lar.

Quando chegou o momento em que ela reencarnaria na Terra, os 3 mil bônus-hora que ela possuía foram revertidos ao patrimônio, permanecendo sua família apenas com o direito de herança ao lar. Porém, sua ficha de serviço lhe possibilitou interceder pela família, para auxiliá-la.

Referente à acumulação de bônus, vemos o episódio em que as "Fraternidades da Luz", que regem os destinos cristãos da América, homenagearam a Ministra Veneranda conferindo-lhe a medalha do Mérito de Serviço. Ela foi a primeira entidade da colônia que conseguiu, até aquele momento, semelhante triunfo, apresentando 1 milhão de horas de trabalho útil, sem interromper, sem reclamar e sem esmorecer. Um recorde realmente impressionante, em se tratando de horas de trabalho.

Allan Kardec fala sobre o assunto trabalho no *Livro dos Espíritos* quando questiona o porquê de o trabalho ser imposto ao homem. Os Espíritos respondem:

> *É uma consequência de sua natureza corporal. É uma expiação e ao mesmo tempo um meio de aperfeiçoar sua inteligência. Sem o trabalho, o homem permaneceria na infância da inteligência; por isso deve seu sustento, segurança e bem-estar apenas ao seu trabalho e à sua atividade. Àquele que tem o corpo muito fraco, Deus deu a inteligência como compensação; mas é sempre um trabalho.*

Neste capítulo "A Lei do Trabalho", ele esclarece ainda que a natureza do trabalho é relativa à natureza das necessidades. Quanto menos as necessidades são materiais, menos o trabalho é material. Porém, ninguém deve ficar inativo e inútil, pois a ociosidade seria um suplício, em vez de ser um benefício.

Obsessão

"Amai os vossos inimigos; fazei o bem aos que vos odeiam e orai pelos que vos perseguem e caluniam, a fim de serdes filhos do vosso Pai que está nos céus e que faz se levante o Sol para os bons e para os maus e que chova sobre os justos e os injustos."
Mateus 5:43-47

A obsessão é um dos maiores perigos que podemos enfrentar seja aqui no planeta ou nas esferas espirituais.

Sobre este assunto, *Nosso Lar* cita nominalmente apenas uma vez a palavra obsidiado, mas narra várias histórias, como a de Laerte, o pai de André, que mesmo após o desencarne continua sendo obsidiado pelas suas ex-amantes. Essa única citação nominal foi parte de uma conversa de André com Lísias, que se dá logo nos primeiros capítulos do livro:

> *Na turma de oitenta enfermos a que devo assistência diária, cinquenta e sete se encontram nas suas condições. E talvez ignore que existem, por aqui, os mutilados. Já pensou nisso? Sabe que o homem imprevidente, que gastou os olhos no mal, aqui comparece de órbitas vazias? Que o malfeitor, interessado em utilizar o dom da*

locomoção fácil nos atos criminosos, experimenta a desolação da paralisia, quando não é recolhido absolutamente sem pernas? Que os pobres obsidiados nas aberrações sexuais costumam chegar em extrema loucura?

A obsessão pode atingir encarnados e desencarnados, e trata-se de um processo em que um Espírito envolve outro (que pode estar encarnado ou não) de maneira a pouco a pouco transformá-lo em uma marionete para que satisfaça todas as suas vontades.

Em *Missionários da Luz*, terceira obra mediúnica de André Luiz, o autor espiritual teve oportunidade de detalhar melhor o assunto. Nele, o instrutor Alexandre orienta:

> *O obsidiado, porém, acima de médium de energias perturbadas, é quase sempre um enfermo, representando uma legião de doentes invisíveis ao olhar humano. Por isto mesmo, constitui, em todas as circunstâncias, um caso especial, exigindo muita atenção, prudência e carinho.*

Neste livro, André narra a visita a um trabalho de desobsessão, que teve oportunidade de assistir ao lado de Alexandre. Dos cinco casos que puderam acompanhar, somente um deles tinha oportunidade real de cura naquela noite. Quando questionado sobre o porquê de só um deles ter essa oportunidade, o instrutor esclarece:

> *Não se trata de proteção, mas de esforço próprio. O obsidiado, além de enfermo, representante de outros enfermos, quase sempre é também uma criatura repleta de torturantes problemas espirituais. Se lhe falta vontade firme para a autoeducação, para a disciplina de si mesmo, é quase certo que prolongará sua condição dolorosa além da morte [...] Em todos os acontecimentos dessa espécie, porém, não se pode prescindir da adesão dos interessados diretos na cura. Se o obsidiado está satisfeito na posição de desequilíbrio, há que esperar o término de sua cegueira, a redução da rebeldia que lhe é própria ou o afastamento da ignorância que lhe oculta a compreensão da verdade.*

Segundo Alexandre, a jovem que tinha oportunidade de cura estava lutando incessantemente contra as investidas de entidades malignas, mobilizando todos os recursos de que se dispõe no campo da prece, do autodomínio, da meditação, coisa que os demais não estavam fazendo.

Pessoas em processo obsessivo podem ser atendidas em Centros Espíritas que possuem trabalhos de desobsessão. Nestes trabalhos há a presença de médiuns que recebem os Espíritos que estão obsidiando os encarnados ali presentes, a fim de buscar esclarecer-lhes sobre a necessidade de se afastarem.

Algumas vezes o processo obsessivo começa por uma simpatia entre o Espírito e o encarnado que estão na mesma frequência. Porém isso é bastante raro. Em geral, trata-se de Espíritos que buscam se vingar do encarnado por algo que viveram juntos em outras vidas, e, para isso, aproximam-se deles, incutindo lentamente pensamentos que o encarnado começa a tomar como seus.

Pouco a pouco, eles vão aumentando o controle sobre o encarnado, até que chega o momento em que o processo de obsessão já está avançado e o encarnado se torna vítima completa dos Espíritos, que podem chegar a, inclusive, intuí-lo a praticar o suicídio.

Um dos casos mais interessantes narrados em *Missionários da Luz* é o de uma jovem senhora em estado de subjugação. Narra o instrutor Alexandre:

> *[...] Desde a infância, era perseguida pelos adversários tenazes de outro tempo. Na vida de solteira, porém, no ambiente de proteção dos pais, ela conseguiu, de algum modo, subtrair-se à integral influenciação dos inimigos persistentes, embora lhes sentisse a atuação de maneira menos perceptível. Sobrevindo, no entanto, as responsabilidades do matrimônio, em que, na maioria das vezes, a mulher recebe maior quinhão de sacrifícios, não pôde mais resistir. Logo após o nascimento do primeiro filhinho, caiu em prostração mais intensa, oferecendo oportunidade aos desalmados perseguidores e, desde então, experimenta penosas provas.*

Sobre o assunto ele ainda esclarece:

Em geral, noventa por cento dos casos de obsessão que se verificam na Crosta, constituem problemas dolorosos e intricados. Quase sempre, o obsidiado padece de lastimável cegueira, com relação à própria enfermidade. E, porque não atende ao chamamento da verdade pela cristalização personalista, torna-se presa fácil e inconsciente, embora responsável, de perigosos inimigos das zonas de atividades grosseiras. Comumente, verificam-se casos dessa natureza, em vista de ligações vigorosas e profundas pela afetividade mal dirigida ou pelos detestáveis laços do Ódio que, em todas as circunstâncias, é a confiança desequilibrada convertida em monstro (...) Por este motivo, André, ainda mesmo para o psiquiatra esclarecido à luz do Espiritismo cristão, a maioria dos casos desta ordem é francamente desconcertante. Em virtude dos ascendentes sentimentais, cada problema destes exige solução diferente. Além disso, importa notar que os nossos companheiros encarnados observam somente uma face da questão, quando cada processo desse teor se caracteriza por aspectos infinitos, com vistas ao passado dos protagonistas encarnados e desencarnados. Diante do obsidiado, fixam apenas um imperativo imediato – o afastamento do obsessor. Mas, como rebentar, de um instante para outro, algemas seculares, forjadas nos compromissos recíprocos da vida em comum? Como separar seres que se agarram uns aos outros, ansiosamente, por compreenderem que na dor de semelhante união permanece o preço do resgate indispensável? Efetivamente, não faltam os casos, raros embora, de libertação quase instantânea. Aí, porém, vemos o fim de laborioso processo redentor, ou então encontramos o doente que, de fato, faz violência a si mesmo, a fim de abreviar a cura necessária.

Allan Kardec em *O livro dos médiuns* esclarece que existe três tipos de obsessão. A primeira delas é a simples e é quando o espírito se aproxima do encarnado e passa a lhe inspirar diariamente pensamentos, que começam a se misturar aos do encarnado, que lentamente passa a ouvir tudo o que o Espírito lhe pede para fazer.

Esse estágio pode evoluir para o grau de fascinação. Nele, o encarnado começa a idolatrar o Espírito seguindo a risca tudo o que ele lhe intui e passa a estar em sintonia total com ele, enganado por uma espécie de ilusão produzida pela ação direta do Espírito.

O terceiro estágio é o mais perigoso. Nele, já se configura a subjugação, em que o encarnado perdeu total controle e passa a ser comandado pelo Espírito que intui tudo o que ele deve dizer ou as ações que deve praticar. Trata-se, portanto, de uma opressão que paralisa a vontade daquele que a sofre. Quando chega a esse estágio, o tratamento já é muito difícil, pois o encarnado já está de tal maneira envolvido que não se dispõe a receber ajuda, acreditando não necessitar dela.

Essa subjugação pode ser moral, em que a pessoa é solicitada a tomar decisões absurdas e comprometedoras, ou corporal, em que o Espírito age diretamente sobre os órgãos do corpo provocando movimentos involuntários, e levando o encarnado a praticar atos considerados ridículos.

Muitas vezes, acaba sendo dado como louco pela sociedade e internado em algum manicômio. Porém, frequentando trabalhos de desobsessão, este encarnado pode receber auxílio, sendo necessária a ajuda de amigos e parentes para convencê-lo da necessidade de tratamento.

Como dito, em geral, esses casos de obsessão, são motivados pelo desejo de vingança que o Espírito obsessor nutre.

O tipo mais comum de obsessão é a que se dá do Espírito para o encarnado, entretanto a obsessão pode se dar de encarnado para Espírito e de encarnado para encarnado.

O segundo caso acontece quando o encarnado não para de pensar em quem desencarnou, se dando este processo normalmente pela ação de familiares ou amigos do desencarnado, que não param de pensar, sofrer e chamar pelo morto, e acabam prejudicando-o no outro lado, a medida que ele pode receber esses pensamentos e agravar seu estado de desequilíbrio.

Em alguns casos também temos a obsessão de encarnado para encarnado, em que um indivíduo começa pouco a pouco a influenciar o outro, e esta influenciação pode evoluir até o total controle sobre o outro.

A ação dos Espíritos se dá somente quando eles se sintonizam com o encarnado e, para isso, é necessário que esteja na mesma faixa de vibração. A obsessão existe para que os encarnados e Espíritos possam ser testados se já evoluíram e, principalmente, como um mecanismo para a Lei de ação e reação, em que tudo o que é feito em determinado momento gerará consequências positivas ou negativas de acordo com o ato. Com a existência da obsessão é possível esses ajustes sempre que eles se façam necessários, tendo esta uma função para reajuste e resgate.

A única maneira de evitar a obsessão é mantendo o pensamento firme, focado no bem, e fazer orações para se ligar a Deus toda vez que sentir um certo desequilíbrio.

Mediunidade

> "O objetivo maior da prática mediúnica no Espiritismo é persuadir o ser humano para que ele seja, no decorrer do aprendizado evolutivo, médium de sua natureza divina."
>
> *Allan Kardec*

Nosso Lar foi ditado ao médium Francisco Cândido Xavier pelo espírito André Luiz. Mesmo que não seja praticante espírita, você já deve ter ouvido falar na figura do médium. Mas, afinal de contas, o que é a mediunidade? Para simplificar a compreensão, chamaremos a mediunidade de sexto sentido.

Segundo Allan Kardec, esse sexto sentido permitiria a percepção da influência dos Espíritos e poderia ser desenvolvido por qualquer pessoa, já que a mediunidade é uma capacidade orgânica.

Existe um órgão responsável pela mediunidade: esse órgão é a epífise, glândula situada na região centroposterior da área diencefálica do cérebro, constituindo a sede fisiológica de todos os fenômenos mediúnicos.

Assim, conclui-se que todas as pessoas têm a capacidade de perceber a influência dos Espíritos, mas nem todos a desenvolvem durante sua existência.

O sexto sentido ou percepção extrassensorial abrange uma enorme gama de fenômenos, como a telepatia e a vidência, entre outros, e tem como objetivo estabelecer uma ponte para contato entre o mundo físico e o espiritual. Para isso, ele se apresenta por meio de fenômenos de efeitos intelectuais (psicografia, psicofonia, clarividência, clariaudiência, entre outros) ou efeitos físicos (batidas, movimento de objetos, materializações, fenômenos de voz direta etc.).

O Espiritismo diz que é perfeitamente natural a comunicação com os Espíritos desencarnados e vice-versa, uma vez que todos são Espíritos, embora alguns estejam temporariamente encarnados. Essa comunicação se estabelece nos níveis mental e emocional e dentro dos princípios da lei de sintonia, ou seja, encarnados e desencarnados se atraem ou se repelem por afinidade e interesses em comum.

Aquele que desenvolve a mediunidade é denominado médium. Geralmente, os médiuns têm uma aptidão especial para determinado tipo de fenômeno. Disso resulta a formação de tantas variedades quantas são as formas de manifestações. As principais são a dos médiuns de efeitos físicos, a dos sensitivos, a dos audientes, a dos videntes, a dos sonambúlicos, a dos curadores, a dos pneumatógrafos e a dos psicógrafos:

- *Médiuns de efeitos físicos:* são aqueles aptos a produzir fenômenos materiais, como os movimentos dos corpos inertes ou os ruídos. Podem ser classificados em médiuns facultativos – os que produzem os fenômenos espíritas por vontade própria e são totalmente conscientes do que estão fazendo; e médiuns involuntários – que não possuem consciência e nem mesmo desejo de produzir fenômenos.
- *Médiuns sensitivos:* trata-se das pessoas suscetíveis de sentir a presença dos Espíritos por uma impressão vaga e que podem reconhecer se o Espírito é bom ou mau por meio de sensações mais sutis ou mais pesadas.
- *Médiuns audientes*: são aqueles que ouvem a voz dos Espíritos e podem conversar diretamente com eles.
- *Médiuns psicofônicos:* são os que transmitem as comunicações dos Espíritos por meio da fala.

- *Médiuns videntes:* são dotados da faculdade de ver os Espíritos. Entre os médiuns videntes, há alguns que só veem os evocados e outros que veem toda a população de Espíritos.
- *Médiuns sonambúlicos:* nesse tipo de mediunidade, o Espírito do médium vê, ouve e percebe os demais Espíritos enquanto dorme.
- *Médiuns curadores:* consiste no dom que certas pessoas têm de curar pelo simples toque, pelo olhar ou mesmo por um gesto, sem o concurso de qualquer medicação.
- *Médiuns psicógrafos:* transmitem as comunicações dos Espíritos por meio da escrita. Esses médiuns podem ser divididos em três categorias: mecânicos, semimecânicos e intuitivos. Os mecânicos não têm consciência do que escrevem, e a influência do pensamento do médium na comunicação é quase nenhuma. Os semimecânicos interferem parcialmente na comunicação. Já os intuitivos recebem a ideia do Espírito comunicante e a interpretam, desenvolvendo-a com os recursos de suas próprias possibilidades morais e intelectuais.

Apêndice 1
Nosso Lar: capítulo a capítulo

" A maior surpresa da morte carnal é a de nos colocar face a face com própria consciência, onde edificamos o céu, estacionamos no purgatório ou nos precipitamos no abismo infernal."

Emmanuel

O livro *Nosso Lar* é formado por cinquenta capítulos. Cada um deles traz esclarecimentos sobre o outro lado da vida. A seguir, um pequeno resumo dos assuntos abordados em cada capítulo:

Capítulo 1 – Nas zonas inferiores

André Luiz descreve sua passagem pelo Umbral, mostrando o cenário sombrio e pavoroso que encontrou por lá.

Capítulo 2 – Clarêncio

O antigo médico, enquanto encarnado, narra o desespero causado pelos gritos de suicida que ouvia de toda a parte, e o momento em que reza pedindo ajuda ao Criador da Vida, e então, é socorrido e levado a Nosso Lar, pelo Ministro Clarêncio e mais dois auxiliares.

Capítulo 3 – A oração coletiva

O Espírito descreve o ambiente que encontrou em Nosso Lar, traz informações sobre a colônia espiritual e narra a presença do Governador e dos Ministros juntamente com todos os habitantes de Nosso Lar na primeira oração coletiva a que teve acesso na colônia, oração que ocorre diariamente no crepúsculo.

Capítulo 4 – O médico espiritual

André Luiz é atendido por um médico espiritual que descreve o estado debilitado do seu espírito e explica-lhe por que chegou ao plano espiritual em estado de suicida inconsciente.

Capítulo 5 – Recebendo assistência

O companheiro Lísias esclarece que, onde André estava internado, havia mais de mil Espíritos naquele momento em condições muito delicadas e necessitando de auxílio. André recebe esclarecimentos sobre os males que tinha causado ao corpo por conta de sua má conduta e recebe uma injeção de ânimo para buscar sair daquela situação.

Capítulo 6 – Precioso aviso

O Espírito recém-chegado se lamenta com o Ministro Clarêncio pela sua situação e se recorda da esposa e dos filhos, perguntando por notícias. Clarêncio ouve pacientemente suas lamentações.

Capítulo 7 – Explicações de Lísias

André Luiz traz novos detalhes sobre Nosso Lar comparando a paisagem que vê com uma cópia melhorada da Terra. Lísias esclarece sobre a mãe de André Luiz e sobre o quanto ela o tem ajudado dia e noite.

Capítulo 8 – Organização de serviços

Novos esclarecimentos sobre Nosso Lar são trazidos, mostrando sua divisão em ministérios e apresentando a história da criação de Nosso Lar por espíritos portugueses, desencarnados no Brasil, no século XVI.

Capítulo 9 – Problema de alimentação

André fica sabendo sobre como é a alimentação em Nosso Lar e também recebe relato do episódio em que alterações nos hábitos alimentares foram introduzidas pelo Governador e dos protestos que estas geraram até serem aceitas.

Capítulo 10 – No Bosque das Águas

Um impressionante relato sobre o aeróbus, o veículo aéreo usado pelos Espíritos para se locomoverem em Nosso Lar, e sobre a visitação que André faz ao reservatório de água da colônia espiritual. Com isso, ele tem oportunidade de esclarecer-se sobre a importância da água em diferentes planos.

Capítulo 11 – Notícias do plano

André Luiz narra a existência de outras colônias espirituais semelhantes a Nosso Lar, como a de Alvorada Nova, que é sua vizinha.

Capítulo 12 – O Umbral

Um detalhado esclarecimento sobre o Umbral, região sombria situada próxima à crosta terrestre e habitada por Espíritos pouco evoluídos e muito apegados ainda à matéria.

Capítulo 13 – No gabinete do Ministro

André vai a um encontro com o Ministro Clarêncio, visando a pedir-lhe a oportunidade de iniciar um trabalho em Nosso Lar. Lá, tem a oportunidade de presenciar uma audiência de uma voluntária que deseja proteger seus filhos encarnados. Também recebe esclarecimentos sobre o bônus-hora.

Capítulo 14 – Elucidações de Clarêncio

O Ministro Clarêncio permite que André Luiz comece um trabalho em Nosso Lar como aprendiz, deixando de lado seu passado de médico na Terra.

Capítulo 15 – A visita materna

Narra a emocionante visita da mãe de André, Espírito mais elevado que vive em esferas superiores.

Capítulo 16 – Confidências

Na conversa, sua mãe traz notícias de Laerte, pai de André, e que vagava pelo Umbral, sendo obsidiado por duas mulheres vingativas, que, em vida, tinham sido suas amantes. Além disso, ele recebe notícias sobre suas três irmãs já desencarnadas.

Capítulo 17 – Em casa de Lísias

André é hospedado em casa de Lísias. Lá, conhece Dona Laura, mãe do anfitrião, e as duas irmãs dele, tendo oportunidade de conhecer e relatar como é um lar típico da colônia.

Capítulo 18 – Amor, alimento das almas

Alertas sobre a questão do sexo e novas descrições do funcionamento da alimentação em Nosso Lar.

Capítulo 19 – A jovem desencarnada

André conhece a neta de Dona Laura, que era recém-desencarnada e vivia na casa padecendo grande sofrimento pela lembrança de seu noivo, que ainda está encarnado e já se relacionando com uma amiga.

Capítulo 20 – Noções de lar

Em conversação entre Dona Laura, Lísias e André são descritos detalhes sobre o lar e a função de homens e mulheres na sua constituição.

Capítulo 21 – Continuando a palestra

A conversação se estende abordando assuntos como bônus-hora e a recordação do passado, que, segundo Dona Laura, exige bastante equilíbrio.

Capítulo 22 – O bônus-hora

É feito um detalhamento do funcionamento do bônus-hora e de como ele é distribuído aos trabalhadores da colônia.

Capítulo 23 – Saber ouvir

André Luiz recebe esclarecimentos sobre o quanto é inconveniente, para a maioria dos desencarnados, receber notícias sobre os encarnados com quem conviviam na Terra.

Capítulo 24 – O impressionante apelo

André tem a oportunidade de ouvir, pela emissora da colônia, que eclodia na Terra a Segunda Guerra Mundial, em episódio passado em 1939. Também ouve pedidos para que voluntários se apresentem para proteger a colônia de tentativas de invasões durante o período.

Capítulo 25 – Generoso alvitre

O Espírito recebe profundas orientações sobre as futuras atividades que poderá empreender em Nosso Lar.

Capítulo 26 – Novas perspectivas

André visita as câmaras de retificação, locais onde estão internados Espíritos necessitados e ainda em grave situação. O espírito solicita ao Ministro Genésio a oportunidade de trabalhar lá.

Capítulo 27 – O trabalho, enfim

O ex-médico orgulhoso na Terra inicia seu trabalho nas câmaras de retificação como auxiliar de limpeza de vômitos de fluidos venenosos expelidos por Espíritos. Nas câmaras, presencia impressionante quadro de sofrimento.

Capítulo 28 – Em serviço

André Luiz se coloca à disposição para permanecer durante a noite nas câmaras de retificação auxiliando no atendimento dos que lá chegam. Também conhece Narcisa, com a qual vai trabalhar no atendimento nas câmaras.

Capítulo 29 – A visão de Francisco

Um relato impressionante sobre a história de Francisco, que era profundamente apegado a seu corpo, tanto que, após ser sepultado, continuou ligado a ele e acabou presenciando a sua decomposição, o que gerou enorme transtorno em sua mente, e fê-lo continuar com a visão do corpo e dos germes a persegui-lo, mesmo tempos depois.

Capítulo 30 – Herança e eutanásia

André toma contato com o caso do pai de Paulina, que foi submetido à eutanásia, pois sua família queria ficar com sua herança, e que agora, não consegue se livrar do sentimento de vingança.

Capítulo 31 – Vampiro

O Espírito narra a história de uma mulher que tentava ingressar em Nosso Lar e que foi impedida pelo vigilante-chefe, pois estava fortemente vampirizada, trazendo impressos em seu períspirito 58 pontos negros, correspondentes ao número de abortos que tinha praticado enquanto trabalhava como ginecologista.

Capítulo 32 – Notícias de Veneranda

André Luiz fica sabendo do trabalho realizado pela Ministra Veneranda, que possui 1 milhão de bônus-hora e é a maior trabalhadora de Nosso Lar, e conhece os salões verdes, idealizados por ela.

Capítulo 33 – Curiosas observações

O interessante relato de dois Espíritos ainda encarnados e que, por já serem superiores, têm a oportunidade de visitar Nosso Lar, enquanto dormem.

Capítulo 34 – Com os recém-chegados do Umbral

O espírito atende uma senhora trazida pelos Samaritanos, que se desfaz em lamentações, mostrando que ainda estava ligada a seu passado na época da escravatura.

Capítulo 35 – Encontro singular

André encontra-se com um conhecido da época em que estava encarnado e tem a oportunidade de pedir perdão, pois seu pai havia prejudicado muito esse homem no passado.

Capítulo 36 – O sonho

Emocionante relato sobre a necessidade que os Espíritos têm de dormir para repor as energias e sobre o encontro que André Luiz teve com sua mãe enquanto ele dormia, tendo a oportunidade de visitá-la em esferas mais elevadas.

Capítulo 37 – A preleção da Ministra

André Luiz assiste a uma palestra proferida pela Ministra Veneranda, que fala sobre a importância do pensamento e sobre o papel de Nosso Lar como colônia de transição.

Capítulo 38 – O caso Tobias

André tem a oportunidade de conhecer o caso de Tobias e suas duas ex-esposas Hilda e Luciana, que se tornaram amigas e convivem em harmonia em Nosso Lar.

Capítulo 39 – Ouvindo a senhora Laura

Buscando entender melhor a questão do casamento na espiritualidade e nutrindo muitos questionamentos acerca da sua família terrestre, André procura Dona Laura e dela obtém as respostas para suas dúvidas.

Capítulo 40 – Quem semeia colherá

André vai ao departamento feminino das câmaras de retificação. Lá, tem contato com Elisa, que fora empregada em sua casa terrena e da qual ele se aproveitara, antes que ela fosse despedida de sua casa. Com o encontro, ele tem a oportunidade de se arrepender e de buscar ajudá-la a superar os traumas do passado.

Capítulo 41 – Convocados à luta

O Espírito narra a chegada da notícia de que o planeta está iniciando a Segunda Guerra Mundial, a repercussão dessa notícia lá e como esta influenciou negativamente Nosso Lar.

Capítulo 42 – A palavra do Governador

André Luiz vê pela primeira vez o Governador de Nosso Lar, que esclarece aos trabalhadores os problemas advindos da Guerra e convoca 30 mil servidores voluntários para criar defesas especiais.

Capítulo 43 – Em conversação

Relatos sobre os horrores da guerra são apresentados neste capítulo, bem como a esperança que o Espiritismo traz como o Consolador prometido.

Capítulo 44 – As Trevas

André Luiz questiona Lísias sobre as Trevas, região mais inferior conhecida em Nosso Lar, e este esclarece o amigo sobre o que levaria alguém a ficar preso nessa região.

Capítulo 45 – No Campo da Música

O espírito relata o momento em que teve a oportunidade de conhecer o Campo da Música, local em que encontra Espíritos ali comentando com alegria os ensinamentos de Jesus.

Capítulo 46 – Sacrifício de mulher

André tem novo encontro com sua mãe, que o informa de que reencarnará novamente na Terra em missão para auxiliar o marido Laerte, que também reencarnaria. Na Terra, ela seria mãe das duas ex-amantes do seu marido, que o obsidiavam no Umbral.

Capítulo 47 – A volta de Laura

André fica sabendo que também Dona Laura, mãe de Lísias, reencarnará em dois dias e reencontrará seu ex-marido Ricardo, que já se encontrava encarnado, para viverem juntos na Terra como marido e mulher novamente.

Capítulo 48 – Culto familiar

Narração da reunião de despedida antes do reencarne de Dona Laura. Nela, Ricardo aparece desligado, durante o sono, do seu corpo físico de criança, para trazer palavras de apoio. Ele se comunica por meio de um globo de cristal, a fim de ser preservado das irradiações de emotividade dos que ali se encontravam e que poderiam prejudicá-lo, já que ele se encontrava ainda frágil, em tenra idade.

Capítulo 49 – Regressando a casa

André descreve a sua ida ao lar terreno, um ano após ser socorrido em Nosso Lar, e a dura prova que teve de passar ao encontrar sua ex-mulher, Zélia, já casada com outro homem, que estava fortemente enfermo e em cuja cura André Luiz teve de auxiliar.

Capítulo 50 – Cidadão "Nosso Lar"

No desfecho deste primeiro livro da série, André, mostra o quanto evoluiu no período de um ano em que esteve na colônia espiritual Nosso Lar, se livrando de todo o apego e sentimento de posse que tinha da família terrena e se predispondo a ajudar no auxílio do novo marido de Dona Zélia.

Para auxiliá-lo, ele pede ajuda de sua companheira de trabalho Narcisa, que vai até o encontro de André e ministra o auxílio ao enfermo. Tendo vencido essa dura batalha contra o apego, André deixa a família terrena e retorna a Nosso Lar. Ao chegar a colônia espiritual, ele é recebido pelos amigos, sendo finalmente declarado cidadão de Nosso Lar.

Apêndice 2
Personagens citados em *Nosso Lar*

"Quantas existências, quantos corpos, quantos séculos, quantos serviços, quantos triunfos, quantas mortes necessitamos ainda?"

André Luiz

André Luiz

Autor espiritual que passou oito anos no Umbral até ser socorrido em Nosso Lar, e narra neste livro esse período.

Arnaldo

Ex-noivo de Eloísa.

Benevuto

Ministro em Nosso Lar.

Célio

Ministro em Nosso Lar.

Clara e Priscila

Irmãs de André, que vivem no Umbral.

Clarêncio

Um dos doze ministros do Ministério do Auxílio e responsável por socorrer André no Umbral.

Couceiro

Assistente em Nosso Lar.

Dona Laura

Mãe de Lísias, que se torna, também, uma grande amiga de André.

Edelberto, Amália, Cacilda e Agenor

Irmãos de Paulina.

Elisa

Internada na Câmara de Retificação, teve um caso com André, quando encarnada.

Eloísa

Neta de Laura.

Ernesto

Atual marido de Zélia.

Esperidião

Ministro em Nosso Lar.

Everardo

Viúvo de uma residente de Nosso Lar.

Flácus

Ministro em Nosso Lar.

Francisco

Paciente internado na Câmara de Retificação.

Genésio

Ministro da Regeneração.

Gonçalves

Assistente em Nosso Lar.

Governador

Não é revelado o seu nome. Está à frente de Nosso Lar há 114 anos, é um Espírito muito elevado e trabalhador incansável, que teve oportunidade de ver Jesus.

Helvécio

Trabalhador de Nosso Lar.

Henrique de Luna

Médico espiritual que prestou o primeiro atendimento a André Luiz em Nosso Lar.

Hilda

Esposa de Tobias.

Iolanda e Judite

Irmãs de Lísias.

Irmão Paulo

Orientador dos Vigilantes em Nosso Lar.

Justino

Trabalhador em Nosso Lar.

Laerte

Pai de André Luiz; está há doze anos no Umbral, obsidiado por suas ex-amantes.

Lascínia

Noiva de Lísias.

Lísias

Jovem visitador dos serviços de saúde em Nosso Lar e auxiliar de Henrique de Luna. Torna-se amigo de André e convida-o para morar em sua casa.

Longobardo

Assistente em Nosso Lar.

Lourenço e Hermes

Trabalham no Ministério da Regeneração.

Luciana

Ex-esposa de Tobias.

Mãe de André Luiz

Não teve seu nome revelado. Trata-se de um Espírito iluminado, que vive em uma esfera superior.

Maria da Luz

Amiga de Eloísa que se casa com Arnaldo.

Narcisa

Funcionária do Ministério da Regeneração e companheira de trabalho de André Luiz.

Nemésia

Funcionária do Ministério da Regeneração.

Nicolas

Funcionário do Ministério do Auxílio.

Padre Amâncio

É citado por uma enferma, internada na Câmara de Retificação.

Pádua

Ministro da Comunicação em Nosso Lar.

Paulina

Enfermeira, um Espírito de angelical beleza. É filha de um paciente internado na Câmara de Retificação.

Polidoro e Estácio

Auxiliares no Ministério do Esclarecimento e amigos de Lísias.

Rafael

Funcionário no Ministério da Regeneração.

Ribeiro

Paciente internado na Câmara de Retificação.

Ricardo

Marido de Laura.

Silveira

Inquilino do pai de André Luiz e atual Samaritano em Nosso Lar.

Teresa

Mãe de Eloísa.

Tobias

Amigo e orientador de André Luiz. Trabalha no Ministério da Regeneração.

Venâncio e Salústio

Funcionários do Ministério da Regeneração.

Veneranda

Ministra de Nosso Lar e a única, além do Governador, a ter visto Jesus.

Zélia

Viúva de André Luiz.

Zenóbio

Auxiliar no Ministério da Regeneração.

Apêndice 3
Biografia de Chico Xavier

"Chico Xavier é meio estranho pra quem não acredita em seu próprio coração."

Trecho de música interpretada por Fábio Júnior em homenagem a Chico

Francisco Cândido Xavier. Ninguém consegue ficar indiferente a esse nome. O maior médium de todos os tempos, com mais de 451 livros publicados, não somente é admirado pelos espíritas, mas também por pessoas de todos os segmentos religiosos, políticos e sociais – nacionais e internacionais – que viram a seriedade dos postulados que abraçara e exemplificara durante 92 anos de vida, sendo indicado, inclusive, para concorrer ao prêmio Nobel da Paz, em 1981, e eleito o cidadão mineiro do século.

Fenômeno é um adjetivo constantemente usado para qualificar esse homem singular. Tendo cursado apenas o primário, escreveu centenas de livros e mensagens em vários idiomas. Poderia ter ficado rico, mas doou tudo o que ganhou em direitos autorais para instituições de auxílio ao próximo. Viveu, até o seu último dia, com o salário de sua aposentadoria, sem usufruir materialmente dos ganhos obtidos com suas obras.

Seu falecimento se deu no mesmo dia em que o Brasil festejava a conquista mundial no futebol em 2002, o que possibilitou-lhe voltar ao mundo espiritual sem muito alarde, colocando em prática até o último momento a humildade, maior característica desse Espírito iluminado, que exemplificou em todos os momentos de sua vida os ensinamentos de Jesus, em especial aquele que dizia: "Quem deseja ser o maior, que seja o servidor e o menor de todos".

O maior médium psicógrafo do mundo nasceu em Pedro Leopoldo, modesta cidade de Minas Gerais, em 2 de abril de 1910. Batizado como Francisco de Paula Cândido, por um erro de seu pai, que em vez de ir ao cartório registrar a criança, solicitou a um amigo que o fizesse. O amigo, na ocasião, se confundiu com o santo do dia 2 de abril, que é São Francisco de Paula, e acabou trocando o nome do garoto. A confusão só foi percebida muitos anos depois, quando Chico foi ingressar no serviço público como inspetor agrícola e precisou providenciar seus documentos. Ao chegar ao cartório, ficou sabendo que não existia nenhum Francisco Cândido Xavier e que o filho do senhor João Cândido Xavier foi registrado, na data, com outro nome. Somente em 1965 seu nome foi modificado.

Filho de família humilde e numerosa, as provações de sua vida começaram aos cinco anos, quando ficou órfão da mãe, D. Maria João de Deus, que faleceu deixando nove filhos: Maria Cândida, Luíza, Carmozina, José Cândido, Maria de Lurdes, Francisco Cândido, Raymundo, Maria da Conceição e Geralda. Cada uma das crianças foi entregue a um parente. Chico, por sua vez, foi obrigado a viver com a madrinha Rita, que lhe dava surras todos os dias.

Sua primeira experiência mediúnica completa foi uma conversa com o Espírito de sua mãe, após a sua morte, que o aconselhara a ter muita paciência para suportar as provações que viriam.

Passando por grandes conflitos e muita dificuldade, o menino cresceu, tendo os Espíritos como companheiros quase diariamente.

Com quatro anos de idade, ele já tivera uma pequena experiência mediúnica enquanto assistia a uma conversa entre sua mãe e seu pai a respeito de um nascimento prematuro ocorrido em uma casa vizinha.

O pai, João Cândido, vendedor de bilhetes de loteria, que teve quinze filhos em dois casamentos, não conseguia entender o caso. Chico, nessa hora, interrompeu a conversa e disse: "O senhor naturalmente não está informado sobre o caso. O que houve foi um problema de nidação inadequada do ovo, de modo que a criança adquiriu posição ectópica".

João Cândido se assustou e disse à mulher que aquele filho não parecia deles, que deveria ter sido trocado na Igreja quando eles estavam na confissão. Virou-se para Chico e perguntou o que ele teria respondido. Chico disse que uma voz o teria mandado dizer aquilo. João Cândido continuou desconfiado da maluquice do menino...

Em especial, Chico teve a companhia do Espírito de sua mãe, com a qual pôde travar várias conversas que lhe foram bastante confortadoras. "Independente de o fenômeno ter ocorrido quando eu era muito criança, considero o reencontro com minha mãe desencarnada o momento de maior emoção da minha vida", relata.

Apesar de os Espíritos entrarem sempre em contato com ele, o menino tinha muito receio de ser chamado de louco ao comentar com alguém as conversas que mantinha com almas de outro mundo.

Além de ouvir vozes, via figuras de outro mundo na igreja de Matosinhos, cidade vizinha de Pedro Leopoldo, e à qual ele ia diariamente.

Durante a missa, via Espíritos que frequentavam a igreja. Buscava então se confessar com o Padre Sebastião Scarzello, do qual recebia severas penitências para deixar de ser mentiroso.

Certa vez, Chico dirigiu-se muito feliz à sua madrinha, dizendo que havia conversado com a mãe desencarnada. Foi o suficiente para receber uma grande surra. Ao saber que o menino continuava tendo visões de coisas de outro mundo, sua madrinha resolveu conversar sobre o assunto com o padre da região. Este, por sua vez, colocou como penitência que o garoto rezasse mil ave-marias com uma pedra de quinze quilos em cima da cabeça durante toda a procissão.

Outro fato que marcou a infância de Chico foi quando sua madrinha soube, por meio da receita de uma benzedeira, que a única maneira de curar a ferida infeccionada de seu filho era outra criança lamber a ferida durante três semanas seguidas, em completo jejum. Quando ficou sabendo que teria de cumprir essa penosa tarefa, o menino se desesperou e evocou sua mãe, para que o socorresse. Acabou obrigado a cumprir a ingrata tarefa, mas durante a penitência, percebeu que o Espírito de sua mãe jogava algo sobre a ferida, o que fez o jovem curar-se rapidamente.

Após viver dois anos com a madrinha, o calvário de Chico acabou. Seu pai, João Cândido Xavier, casou-se novamente com uma moça chamada Cidália Batista, que fez questão de reunir em sua casa os nove filhos do primeiro casamento de João. Assim, o menino Chico conseguiu livrar-se dos maus-tratos que sua madrinha lhe impusera, mas continuou a ter de conviver com as dificuldades financeiras.

Ele narrou assim os contatos que teve com sua mãe e seu apego em Jesus para suportar as provações:

> *Ao perder minha mãe, aos cinco janeiros de idade, conforme os próprios ensinamentos dela, acreditei n'Ele, na certeza de que Ele me sustentaria. Conduzido a uma casa estranha, na qual conheceria muitas dificuldades para continuar vivendo, lembrava-me d'Ele, na convicção de que era um amigo poderoso e compassivo que me enviaria recursos de resistência, e ao ver minha mãe desencarnada pela primeira vez, com o cérebro infantil sem qualquer conhecimento dos conflitos religiosos que dividem a humanidade, pedi a ela que me abençoasse, segundo o nosso hábito em família, e lembro-me perfeitamente de que perguntei: – Mamãe, foi Jesus que mandou a senhora nos buscar? Ela sorriu e respondeu: – Foi sim, mas Jesus deseja que vocês, os meus filhos espalhados, ainda fiquem me esperando... Aceitei o que ela dizia, embora chorasse, porque a referência a Jesus me tranquilizava. Quando meu pai se casou pela segunda vez e a minha segunda mãe mandou me buscar para junto dela, notando-lhe a bondade natural, indaguei: – Foi Jesus quem enviou a senhora para nos reunir? Ela me disse: – Chico, isso não sei... Mas minha fé era tamanha que respondi: – Foi Ele sim... Minha mãe, quando me aparece, sempre fala que Ele mandaria*

alguém nos buscar para a nossa casa. E Jesus sempre esteve e está em minhas lembranças como um protetor poderoso e bom, não desaparecido, não longe, mas sempre perto, não indiferente aos nossos obstáculos humanos, e sim cada vez mais atuante e mais vivo.

Aos 8 anos de idade, Chico começa a estudar, passando a frequentar o Grupo Escolar São José, pela manhã. À tarde, saía às ruas diariamente para vender verduras e legumes produzidos na horta de sua casa, que era cuidada por sua madrasta Cidália Batista e por seus irmãos José e Raimundo.

Dois anos depois, seu pai começa a ficar muito preocupado e cogita interná-lo em um hospital para tratamento mental, pois ninguém entendia as visões que ele relatava. O garoto só não parou no hospital psiquiátrico porque o padre da cidade lhe arranjara um emprego na companhia de fiação e tecelagem Cachoeira Grande. O menino saía da escola e ia para o trabalho, onde permanecia das 3 da tarde à meia-noite.

Chico e sua família sempre tiveram recursos financeiros muito escassos. Não raro, a família passou muita necessidade, mas Chico sempre se contentou com o pouco que tinha, e mais do que isso, ainda dividia esse pouco com todos os que precisassem de ajuda. Anos depois, Chico descreveu essas dificuldades da seguinte maneira:

> *Passei fome, passei frio... Em Pedro Leopoldo sempre fez muito frio, ventava muito... A nossa casa não era forrada..., às vezes, a gente não tinha o que comer, era somente uma panela no fogão. Mas ninguém em casa morreu por causa das privações que passávamos. A gente comia só arroz e chuchu. De vez em quando uma mandioca ou ovo, carne era muito difícil... Caso tivéssemos tido muita comida em casa, eu iria me empanturrar, pois sempre gostei de comer. Como seria capaz de dar comunicações de Espíritos com a minha barriga cheia, se me sobravam somente os horários do almoço para escrever? Penso que tudo o que passei na vida tinha uma razão de ser, o meio aparentemente adverso em que renasci foi-me de grande valia para cumprir minha missão.*

Os fenômenos espirituais não paravam de acontecer na vida do garoto. Em 1922, aos doze anos, Chico ganha o prêmio máximo em um concurso literário promovido entre as escolas públicas de Minas Gerais. Sua redação teve como tema central a Independência do Brasil.

Na época, Chico afirmava para os colegas de classe que o texto tinha sido ditado em sala por um homem que somente ele via. Sua professora não acreditou no que falava e, para deleite dos colegas de classe, propôs que Chico fosse à lousa para escrever um novo texto na frente de todos sob um tema que seria proposto na hora. Um colega de sala propôs o tema "Grão de areia", e ante a incredulidade da classe, Chico redigiu a seguinte frase: "Meus filhos, ninguém escarnece da criação. O grão de areia é quase nada, mas parece uma estrela pequenina refletindo o sol de Deus". Ficaram todos calados.

Na adolescência, por volta dos quinze anos, começam a aparecer os primeiros males de saúde. Ele desenvolveu um problema nos pulmões por causa da poeira gerada pelo algodão da tecelagem, o que o obriga a deixar o emprego na fábrica, e então, começa a trabalhar como auxiliar de cozinha no bar Dove, passando, após breve período, a trabalhar como atendente e auxiliar de serviços gerais no empório de José Felizardo Sobrinho, ex-marido de sua madrinha Rita.

Desde os oito anos de idade, trabalhava para ajudar no sustento da família, tendo sido operário de uma fábrica de tecidos, auxiliar de serviços gerais, servente de cozinha, caixeiro de armazém e, por último, inspetor agrícola, aposentando-se como funcionário público, por invalidez, por causa de uma doença incurável nos olhos.

Chico Xavier sempre suportou com resignação as provações pelas quais teve de passar. Desde criança, teve vários problemas de saúde. Até a juventude, seu corpo ainda resistia. Porém, com o passar dos anos, suas defesas foram diminuindo, e ele desenvolveu angina e labirintite crônica, agravadas por dois infartos e duas pneumonias. Teve também uma doença complexa nos olhos: o deslocamento do cristalino que, somado ao estrabismo da vista direita, o incomodavam muito.

No entanto, mesmo com as doenças, continuou dando provas de sua humildade e mostrando que não aceitaria nenhum tipo de privilégio, recusando, em 1969, uma oferta do médium Zé Arigó, que desejava operá-lo espiritualmente. Na época, Chico afirmou que a doença era uma provação que ele deveria suportar.

Em sua vida, Chico teve de dar muito testemunho de fé na sua capacidade e principalmente no auxílio prestado pelos Espíritos.

Uma das histórias que contava aconteceu na ocasião da morte de seu irmão José Xavier. Nesse período, ele herdou uma dívida de onze cruzeiros, por falta de pagamento de conta de luz. Sem saber como pagar a dívida, Chico questionou Emmanuel, que lhe disse para ter calma, confiar e esperar, sem se preocupar muito com isso.

Passados alguns dias, um homem bate-lhe à porta, perguntado se ele era o Chico Xavier. O homem disse que ficou sabendo da morte de José e queria entregar o pagamento por uma bainha de faca que ele havia feito tempos atrás. Quando Chico abriu o envelope, para seu espanto, havia exatamente onze cruzeiros no seu interior, dinheiro que foi usado para saldar a dívida. Chico nunca mais conversou com os Espíritos sobre a necessidade de recursos financeiros. Sempre que estava em dificuldade, simplesmente não se preocupava, acreditando que a ajuda viria, se fosse necessária, passando assim, a confiar totalmente na providência divina. Mas os testemunhos de fé não se resumiram somente a coisas mais simples. Em 1944, por exemplo, aconteceu um fato *sui generis* no Direito brasileiro. Ele foi processado pela viúva e pelos três filhos do escritor Humberto de Campos, detentores dos direitos autorais do escritor, que tinha seu nome na capa de cinco obras psicografadas por Chico Xavier. Os familiares exigiam o pagamento de direitos autorais, uma vez que o autor continuava escrevendo do Além. No decorrer do processo movido pela família de Humberto de Campos, Chico, então com 34 anos, temeu muito com a possibilidade de ser preso. Após receber uma convocação para depor, ele entrou em pânico e rogou a Deus que o protegesse, chegando até a pedir que, se tivesse de ficar preso, que fosse em Belo Horizonte, e não no Rio de Janeiro, pois julgava que, na primeira cidade, o povo já o conhecia e ele seria mais bem tratado.

Emmanuel, vendo o desespero de Chico, asseverou: "Meu filho, você é uma planta muito fraca para suportar a força das ventanias... Tem ainda muito que lutar para um dia merecer ser preso e morrer pelo Cristo".

Chico entendeu o recado e se acalmou um pouco no decorrer do processo.

Nessa época, Chico recebeu a visita de um senhor idoso que pediu ao médium que desse uma receita para um parente que estava muito mal de saúde. Chico anotou os dados do doente e se concentrou para redigir a receita. Nesse momento, recebeu uma intuição, inspirada por Emmanuel, pedindo para que ele tivesse muito cuidado com os pedidos de receita. Além disso, o Espírito pediu ainda que ele escrevesse um bilhete dizendo que o doente não precisava de remédios, mas de preces, pois já estava desencarnado.

O homem, ao ler aquilo, saiu correndo, apavorado. Ele e outros amigos tentavam preparar uma armadilha para Chico com a ideia de anexar a receita ao processo de Humberto de Campos e acusar Chico de exercício ilegal da Medicina.

O processo teve extensa cobertura da imprensa, que, na oportunidade, fez uma profunda análise da obra do médium, buscando identificar indícios de que não pertenciam a quem as assinara. Todas as investigações feitas por especialistas em Literatura apontaram que o estilo do texto era exatamente o mesmo de Humberto de Campos.

Nesse período, muitos foram os críticos e escritores que deram parecer sobre sua obra. Um deles foi Monteiro Lobato, que na ocasião, afirmou: "Se Chico Xavier produziu tudo aquilo por conta própria, então, ele pode ocupar quantas cadeiras quiser na Academia Brasileira de Letras".

Já o escritor Menotti Del Picchia se expressou sobre o caso da seguinte maneira:

> *Deve haver algo de divindade no fenômeno Francisco Cândido Xavier, o qual sozinho, vale por toda uma Literatura. E que o milagre de ressuscitar espiritualmente os mortos pela vivência psi-*

cográfica de inéditos poemas é prodígio que somente pode acontecer na faixa do sobre-humano. Um psicofisiologista veria nele um monstruoso computador de almas e estilos. O computador, porém, memoriza apenas o já feito. A fria mecânica não possui o dom criativo. Esta dimana de Deus. Francisco Cândido Xavier usa a centelha imanente em nós.

A decisão do juiz determinou que o direito autoral só fosse protegido para produções feitas pelo autor em vida. Assim, os familiares não tinham o direito de reivindicar o pagamento de direitos autorais pelos textos psicografados por Chico Xavier.

Porém, visando a evitar novos problemas, no ano seguinte Humberto de Campos passou a adotar o pseudônimo de Irmão X nas obras que ditava ao médium.

Em maio de 1976, em Goiânia, ocorreu uma das mais impressionantes histórias de Chico Xavier. Na oportunidade, o juiz aceitou o depoimento de um morto e absolveu o acusado. José Divino Nunes estava na casa do amigo Maurício Garcês conversando e ouvindo música. Após encontrar o revólver do seu pai, Maurício o entrega a José Divino, que começa a brincar com a arma. Pouco tempo depois, José dispara o revólver por acidente, matando o amigo inseparável.

Os pais de Maurício não se conformam com a morte do filho, e mesmo não sendo espíritas vão até Chico Xavier. Lá, exatamente a 27 de maio de 1978, eles recebem do médium a primeira carta psicografada pelo filho, que lhes diz para perdoarem José Divino, pois ele não teve culpa pelo ocorrido:

Nem José Divino nem ninguém teve culpa em meu caso. Brincávamos a respeito da possibilidade de ferir alguém pela imagem no espelho. Sem que o momento fosse para qualquer movimento meu, o tiro me alcançou, sem que a culpa fosse do amigo ou minha mesmo. O resultado foi aquele. Se alguém deve pedir perdão sou eu mesmo, porque não devia ter admitido brincar em vez de estudar. Estou vivo e com muita vontade de melhorar.

Os parentes, que a princípio queriam a condenação do amigo do filho, acabam concordando com o seu desejo, expressado na carta.

Essa carta psicografada por Chico chegou às mãos do juiz da 6ª Vara Criminal da Comarca de Goiânia, Dr. Orimar de Bastos, que acabou por absolver o acusado, concluindo:

> *Temos de dar credibilidade à mensagem psicografada por Francisco Cândido Xavier, anexada aos autos, na qual a vítima relata o fato e isenta de culpa o acusado, discorrendo sobre as brincadeiras com o revólver e o disparo da arma. Esse relato coincide com as declarações prestadas pelo acusado José Divino, quando do seu interrogatório.*

A carta foi aceita como prova legal, pois um laudo grafotécnico atestou que a assinatura do falecido era exatamente igual à que ele tinha em vida. Em seguida, o Tribunal de Justiça revogou a sentença, e o réu foi a julgamento novamente, sendo absolvido pelo júri popular, em junho de 1980, por seis votos a um.

Chico esteve às voltas com a Justiça em duas outras oportunidades. Na primeira delas, em 1982, uma carta psicografada pelo morto, o então deputado federal Heitor Alencar Furtado, foi usada pela defesa para inocentar o policial José Aparecido Branco, conhecido como Branquinho, da acusação de assassinato doloso (em que o assassino tem a intenção deliberada de matar). O juiz concluiu que o disparo fora acidental.

No ano de 1985 foi a vez do bancário Francisco João de Deus usar uma psicografia de Chico Xavier para tentar comprovar que o tiro que matou sua esposa, a ex-miss Campo Grande, Gleide Dutra de Deus, fora disparado por ele acidentalmente. O veredicto da Justiça foi pela absolvição de Francisco.

Sua extraordinária mediunidade permitia-lhe adentrar o íntimo de cada um, conhecendo claramente seus pontos positivos e negativos. Era comum, por exemplo, ele chamar uma pessoa pelo nome sem nunca tê-la visto ou recebido informações de antemão sobre ela.

Celso de Almeida Afonso, um dos principais médiuns residentes na cidade de Uberaba, narra o primeiro contato com Chico Xavier, ocorrido quando tinha apenas dezesseis anos de idade:

Eu considero esse encontro a minha porta de Damasco. (Referência à aparição de Jesus Cristo para Paulo de Tarso que simbolizou o momento de sua conversão ao Cristianismo.) A partir daquele momento, houve modificações na minha vida que me ajudaram no meu equilíbrio. O que é interessante é que eu não tinha vontade de conhecer Chico Xavier. Eu tinha muito medo do Espiritismo. Mas acabei indo lá, entrei, sem cumprimentá-lo, e fiquei de costas para ele. Então, ouvi uma senhora pedir-lhe um autógrafo. Chico respondeu:
– Somente se o nosso Celso emprestar a caneta. – Ele nunca tinha me visto. Eu me virei e lhe disse:
– O senhor está falando comigo? Nisso, ele respondeu, simples:
– Sim, meu filho, você não tem uma caneta para me emprestar?
Aquela criatura me envolveu com o magnetismo dela. Eu não gosto de endeusar as pessoas, mas Chico, para mim é uma pessoa excelente, é um caminho.

Relatos como este de conhecimento prévio de nomes e informações sobre quem o visitava, sem nunca ter visto a pessoa ou recebido dados sobre ela, são extremamente comuns na vida de Chico.

Chico Xavier não se casou, não teve filhos, não possuía bens em seu nome, nada tinha de material, a não ser seu corpo físico. Foi celibatário por vontade própria durante toda a sua vida, nunca tendo namorado. Achava que isso poderia comprometer o foco que tinha em sua missão.

Seu pai nunca aceitou isso. Certo dia, ele pediu para um amigo convidar o filho para passear. Chico aceitou, e saíram às ruas. De repente, pararam em frente a uma casa e entraram. Era um bordel.

Ao chegar lá, o amigo presenciou a cena mais estranha de sua vida. Chico foi rapidamente reconhecido pelas prostitutas, que já conheciam os trabalhos sociais promovidos por ele. Comovidas com a presença dele, elas encerraram o expediente do dia e se colocaram a rezar junto do médium. Foi a primeira sessão espírita ocorrida em um bordel.

O amigo do pai de Chico, que esperava ajudá-lo na sua iniciação sexual, ficou sem saber o que fazer diante daquela cena que presenciava.

Um dos casos mais comentados dele e que demonstra claramente sua natureza celibatária foi em um evento no qual ele foi apresentado à filha do embaixador da Argentina.

A moça ficou encantada com Chico e não desgrudou dele durante toda a festa. Depois disso, passou a frequentar os trabalhos no centro. Um dia, quando o médium entrou na câmara de passes, ela entrou junto e declarou-se.

Chico afirmou que não se julgava algo pelo qual valeria sofrer e não tinha pretensão nenhuma de casamento, nem de se envolver com alguém, por conta de suas obrigações espirituais. Porém, a moça disse que se apaixonou imediatamente pela voz de Chico, e ele respondeu que, na verdade, ela havia se apaixonado pela voz de Emmanuel, que falava por intermédio dele.

Algum tempo depois, Chico recebeu uma carta diretamente do embaixador da Argentina, dizendo que sua filha estava apaixonada por ele e que fazia votos de que se casassem, mesmo sabendo que ele era um homem sem recursos financeiros e de cor, mas como ele sempre fazia as vontades da filha, estava disposto a ajudá-lo financeiramente.

Chico respondeu educadamente que não poderia aceitar a proposta, pois não tinha tempo para se dedicar aos relacionamentos, pois estava altamente comprometido com os trabalhos que a espiritualidade lhe reservara.

Em janeiro de 1933, Chico trabalhava no armazém de José Felizardo como balconista. O amigo José Álvaro, poeta e escritor, propôs-se a levá-lo para a capital mineira em busca de um melhor salário. Seu pai, João Cândido, ficou entusiasmado e incentivou o filho a aceitar a proposta.

Ele ficou em dúvida e consultou Emmanuel, que lhe disse achar inoportuna a viagem, mas aconselhou-o a não desobedecer ao pai.

Em Belo Horizonte, teve o primeiro contato com a fama gerada pelo livro *Parnaso do além-túmulo*, mas as agitações e os elogios não foram suficientes para fazê-lo perder a humildade. José Álvaro, na realidade, queria que Chico assumisse as obras como de sua autoria, e não dos Espíritos. Ele recusou, e três meses depois, regressou a Pedro Leopoldo, retomando suas atividades no armazém.

Passados dois anos, foi tema de uma reportagem publicada no jornal *O Globo*, o que o tornou conhecido em todo o Brasil. A partir daí, milhares de pessoas passaram a visitá-lo em Pedro Leopoldo para conferir as suas habilidades mediúnicas. Chico começou a ficar preocupado com o fato de que o seu trabalho sério pudesse se transformar em espetáculo, pois, naquela época, ele psicografava textos em vários idiomas, como inglês, alemão e até sânscrito. Tal fenômeno era o que mais impressionava leigos e estudiosos. Depois de um período realizando esse trabalho, Chico aceitou o conselho do seu guia Emmanuel, que sugeriu o fim daquele tipo de reunião, pois achava que a maioria das pessoas que o procuravam estava envolvida por uma simples curiosidade totalmente improdutiva. Emmanuel sabia o que estava falando. Após encerrar esse trabalho, iniciou seu período mais produtivo em termos de mensagens esclarecedoras.

No início da década de 1970, sua notoriedade aumentou ainda mais no país, quando participou do programa *Pinga-fogo*, transmitido pela extinta TV Tupi, uma espécie de roda-viva em que jornalistas e espectadores faziam perguntas ao entrevistado. Esse programa estreou no ano de 1955 e ficou no ar até o início dos anos 1980, constituindo um dos marcos da história televisiva do país.

Em 28 de julho de 1971, mais de 75% dos televisores paulistas estavam ligados no programa para assistir a Chico Xavier, sabatinado ao vivo por conceituados jornalistas sobre os mais diversos temas. O programa, com previsão inicial de sessenta minutos, acabou se estendendo por mais de três horas. A pedido de espectadores, ele foi repetido três vezes nas semanas seguintes. No dia 12 de dezembro, Chico foi novamente entrevistado.

A partir dali, Chico conquistaria de vez o coração dos brasileiros, aumentando ainda mais a sua fama e fazendo milhares de pessoas tornarem-se espíritas.

Em 1978, por exemplo, o médium interpretou a si próprio na novela *O profeta*, escrita por Ivany Ribeiro, na extinta TV Tupi.

Ele também era muito visitado por artistas, o que fez sua popularidade aumentar ainda mais. Os cantores Fábio Júnior e Roberto Carlos, as cantoras Vanusa e Wanderléa, o estilista Clodovil Hernandez,

Risoleta Neves, viúva do ex-presidente Tancredo Neves, o então candidato à presidência Fernando Collor de Melo, os atores Lima Duarte e Tony Ramos, a apresentadora Xuxa, entre outras dezenas de artistas foram até Uberaba em busca de conselhos do médium.

Roberto Carlos, em entrevista à revista *Intervalo*, em 1971, chegou inclusive a declarar que conhecer Chico Xavier foi a realização de um sonho de infância.

Chico também foi recordista em autógrafos. Nos dias 3 e 4 de agosto de 1973, no Clube Atlético Ipiranga, em São Paulo, ele autografou 2243 livros nas 18 horas em que se submeteu à maratona. Já em 18 de abril de 1977, no Grupo Espírita Irmã Angelina, na cidade de Santos, SP, autografou a impressionante marca de 2789 livros.

Toda vez que ele aparecia na mídia, imediatamente aumentava o número de caravanas que se dirigia a Uberaba para procurá-lo. Mesmo com boa vontade, era impossível para Chico atender todos os que o procuravam, o que gerava frustração naqueles que não podiam ser atendidos.

Resultado do reconhecimento do seu trabalho, em 1999, o então governador de Minas Gerais, Itamar Franco, sancionou a Lei 13.394, criando a Comenda da Paz Chico Xavier.

No dia 23 de maio de 1980, a Rede Globo apresentou o programa *Um homem chamado Amor*, dirigido por Augusto Cezar Vanucci, para divulgar a campanha promovida para a indicação de Francisco Cândido Xavier ao prêmio Nobel da Paz.

O programa contou com a participação de "globais" como Lima Duarte, Roberto Carlos, Eva Vilma, Elis Regina, Nair Belo, Toni Ramos, Glória Menezes, entre outros.

Ele acabou não ganhando, e o prêmio foi para o escritório do alto comisssariado da ONU para os refugiados, responsável pela assistência a milhões de refugiados em todo o mundo. Porém, a campanha feita para sua indicação fê-lo tornar-se uma das pessoas mais conhecidas e admiradas do país. Após saber o resultado, Chico declarou:

> *Nós estamos muito felizes sabendo que um prêmio dessa ordem coube a uma instituição que já atendeu mais de 18 milhões de refugiados.*

A organização detentora do prêmio é mais do que merecedora dessa homenagem do mundo inteiro por meio do Prêmio Nobel. Nós todos deveríamos instituir recursos para uma organização como essa, em que mais de 18 milhões de criaturas encontram apoio, refúgio, amparo e benção. Nós estamos muito contentes, e, sem nenhuma ideia de falsa modéstia, nos regozijamos com os resultados da Comissão, que foi tão feliz nessa escolha.

Uma pesquisa realizada pelo jornal *Gazeta Mercantil* dá a dimensão da popularidade de Chico Xavier. O jornal quis saber quais eram os religiosos mais influentes do país. O resultado o coloca em quarto lugar, em uma lista em que os primeiros colocados eram cardeais e arcebispos católicos e em um momento do país em que toda a força religiosa está concentrada nas mãos do Catolicismo.

Os cinco religiosos mais influentes	
Religiosos	**Porcentagem**
1º Dom Paulo Evaristo Arns	13,06%
2º Dom Helder Câmara	11,49%
3º Dom Aloísio Lorscheider	11,39%
4º Francisco Cândido Xavier	9,52%
5º Dom Eugênio Sales	9,17%

Outro momento de destaque foi quando Chico Xavier foi eleito o Mineiro do Século no concurso realizado pela Rede Globo, ficando à frente de personalidades como Santos Dumont, Pelé, Betinho, Carlos Drummond de Andrade, Ary Barroso e Juscelino Kubitschek.

A pesquisa foi realizada pela Rede Globo Minas e apresentada em novembro de 2000.

Em 2006, foi a vez da revista *Época*, em sua edição 434, de 11 de setembro, apontar Chico Xavier como "O Maior Brasileiro da História", em pesquisa feita pela Internet.

Os oito primeiros colocados na votação dos leitores de Época foram:

Personalidade	Votos
1º Chico Xavier	9.966
2º Ayrton Senna	5.637
3º Pelé	4.320
4º Garrincha	924
5º Santos Dumont	854
6º Juscelino Kubitschek	830
7º Lula	540
8º Getúlio Vargas	519

Chico Xavier foi um exemplo de trabalhador feliz. Ele iniciou sua vida mediúnica no dia 8 de julho de 1927, em Pedro Leopoldo. Maria Xavier, sua irmã, havia adoecido há alguns dias, e os médicos não conseguiam resultado positivo no tratamento dela. Então, a família decidiu levá-la à Fazenda Maquiné, local em que o amigo José Ermínio Perácio e a médium Carmem Perácio, sua esposa, faziam reuniões espíritas. A moça foi curada, e Chico tomou o primeiro contato com o Espiritismo.

Foi lá que, com apenas dezessete anos de idade, recebeu as primeiras páginas mediúnicas. Naquela noite, os Espíritos deram início ao trabalho em conjunto com Chico. Nessa ocasião, dezessete folhas de papel foram preenchidas com comunicações dos Espíritos com temática cristã. O médium relata da seguinte maneira esse primeiro contato:

> *[...] Era uma noite quase gelada, e os companheiros que se acomodavam à mesa me seguiram os movimentos do braço, curiosos e comovidos. A sala não era grande, mas, no começo da primeira transmissão de um comunicado do mais Além, por meu intermédio, senti-me fora de meu próprio corpo físico, embora junto dele. No entanto, ao passo que o mensageiro escrevia as dezessete páginas que nos dedicou, minha visão habitual experimentou significativa alteração.*
> *As paredes que nos limitavam o espaço desapareceram. O telhado como que se desfez, e fixando o olhar no alto, podia ver estrelas que*

tremeluziam no escuro da noite. Entretanto, relanceando o olhar no ambiente, notei que toda uma assembleia de entidades amigas me fitava com simpatia e bondade, em cuja expressão adivinhava, por telepatia espontânea, que me encorajavam em silêncio para o trabalho a ser realizado, sobretudo, animando-me para que nada receasse quanto ao caminho a percorrer.

Rapidamente o trabalho de Chico começou a ficar conhecido na região. Durante quatro anos, escreveu centenas de mensagens. Esse período foi definido por Emmanuel, o mentor espiritual de Chico, como de necessária experimentação. Em 1931, Emmanuel pediu para ele jogar fora as mensagens que tinha escrito nesse período, pois tinham somente a finalidade de ajudá-lo no treinamento.

Maria de Lourdes de Benício, amiga de Chico em Pedro Leopoldo, define da seguinte maneira o período:

> *Chico Xavier trouxe, durante sua existência, milhares de comunicações de Espíritos já falecidos, com mensagens para seus parentes ainda vivos. Semanalmente, centenas de pessoas procuravam o médium, buscando receber comunicações de entes queridos falecidos.*

Algumas vezes, essas comunicações eram possíveis; em outras oportunidades, não. Chico sempre fazia questão de dizer que "o telefone toca de lá para cá". Ou seja, os Espíritos é que dizem quando desejam se comunicar conosco, e não o contrário. Em diversas oportunidades, pessoas que não recebiam mensagens acabavam se revoltando contra ele, que, com paciência, explicava que ainda não havia sido permitida a comunicação, e que, em algum momento, o Espírito poderia entrar em contato.

Um dos exemplos das comunicações de Chico Xavier ocorreu em agosto de 1951, em que recebeu, em Pedro Leopoldo, a ilustre visita de Pietro Ubaldi (1886-1972), escritor, filósofo e místico, nascido em Foligno, pequena cidade italiana, perto de Assis, e autor do livro *A grande síntese* (1931), com milhões de leitores em todo o mundo. Em transe, Chico diz que o está vendo diante do túmulo de Francisco de

Assis. O professor confirma, perplexo, que realmente havia visitado o túmulo do santo antes de viajar para o Brasil.

Na sequência, diz que ali está uma entidade chamada Lavínia, que se diz mãe de Ubaldi e que o chama carinhosamente de *mio garofanino*, que em português significa "meu pequeno cravo". O professor confirma que era aquele o apelido pelo qual ela o chamava.

Porém, nesse encontro haveria um susto muito maior. Chico relatou que ali estava um Espírito chamado Maria e que se dizia irmã de Ubaldi. Este disse que realmente tinha uma irmã com esse nome, mas que ela ainda estava viva, na Itália. Todos ali pensaram o pior. Porém, a entidade disse que ela havia morrido quando Pietro Ubaldi ainda era uma criança. Ele já não se lembrava desse fato e se emocionou muito ao ouvir isso.

O médium nunca se opôs às pesquisas dos fenômenos que ocorriam com ele. Mesmo assim, são poucos os relatos de experiências feitas com a mediunidade de Chico Xavier.

Marcel Souto Maior, em *As vidas de Chico Xavier*, relata que ele teria sido convidado, em 1939, por russos, para viajar, a fim de ter sua mente estudada, e que Emmanuel teria dito que não iria junto, o que fez Chico declinar do convite.

Carlos Baccelli, biógrafo de Chico, que desfrutou de sua amizade durante muitos anos e teve oportunidade de acompanhar *in loco* a vida dele, afirma que a NASA teria pesquisado a aura de Chico e que esta teria medido dez metros, enquanto a de uma pessoa normal não passa de alguns centímetros.

Uma das pesquisas sobre ele que foram divulgadas mostra um encefalograma do médium no momento exato em que ele entra em transe.

Pelos conhecimentos atuais da Neurociência, ele teria diagnosticado o quadro de epilético. Porém, ele jamais apresentou sintomas de epilepsia.

Com uma vida atribulada, Chico não teve a oportunidade de avançar nos estudos, não passando do curso primário. Isso certamente atesta a impossibilidade de ele ter escrito tantas mensagens – com informações das mais diferentes áreas do conhecimento humano, muitas delas transformadas em livros com traduções para o castelhano, o esperanto, o francês, o grego, o inglês, o japonês, o tcheco e transcrições para o braile – sem a ajuda de algo sobrenatural.

Por isso, é considerado o maior fenômeno mediúnico do século XX e é o médium espírita mais conhecido, com 451 obras editadas, somando-se aproximadamente 1880 edições, com mais de 30 milhões de exemplares vendidos em vários idiomas e livros publicados em mais de 45 países.

Em 1932, Chico publicou seu primeiro livro, intitulado *Parnaso de além-túmulo*, uma coletânea de 256 poemas assinada pelos Espíritos de grandes nomes da Literatura, como João de Deus, Antero de Quental, Olavo Bilac, Castro Alves, Guerra Junqueira, Cruz e Sousa e Augusto dos Anjos, entre outros.

Nessa época, Humberto de Campos, então jornalista, fez a seguinte análise do livro no *Diário Carioca*, edição de 10 de julho de 1932, sem saber que, poucos anos depois, ele desencarnaria, e então, também incluiria seu texto na introdução da segunda edição desse mesmo livro:

> *Eu faltaria, entretanto, ao dever que me é imposto pela consciência, se não confessasse que, fazendo versos pelas penas do Sr. Francisco Cândido Xavier, os poetas de que ele é intérprete apresentam as mesmas características de inspiração e de expressão que os identificavam neste planeta. Os temas abordados são os que os preocuparam em vida. O gosto é o mesmo e o verso obedece, ordinariamente, à mesma pauta musical. Frouxo e ingênuo em Casimiro, largo e sonoro em Castro Alves, sarcástico e variado em Junqueira, fúnebre e grave em Antero, filosófico e profundo em Augusto dos Anjos – sente-se, ao ler cada um dos autores que veio do outro mundo para cantar neste instante, a inclinação do Sr. Francisco Cândido Xavier para escrever a la maniére de... ou para traduzir o que aqueles altos Espíritos sopraram ao seu ouvido.*

Desde a publicação de *Parnaso de além-túmulo*, Chico não parou mais de escrever, tendo como destaque em sua obra os romances históricos ditados pelo Espírito Emmanuel, entre eles *Há 2000 anos*; *50 anos depois*; *Ave, Cristo!*; *Paulo e Estevão*, e os livros da série André Luiz, que trazem informações detalhadas sobre como seria a vida no outro lado.

A série André Luiz teve início com a psicografia de *Nosso Lar*, redigido em 1943, e que rapidamente se tornou o grande best-seller de Chico Xavier, com mais de 1,5 milhões de cópias vendidas.

Psicografava sozinho, com exceção de um breve período em que trabalhou com Waldo Vieira. Em 1955, ele conheceu esse rapaz de 23 anos, que recebia mensagens de André Luiz, o mesmo que Chico.

Ele viu em Waldo alguém que o ajudaria na sua missão de escrever os livros e logo propôs que começassem a trabalhar juntos. O primeiro livro da dupla é *Evolução em dois mundos*. Chico escrevia os capítulos pares, e Waldo, os ímpares.

Quatro anos depois, decide mudar-se para Uberaba, cidade localizada na região do Triângulo Mineiro, que possui uma área de 4512 km^2 e uma população de aproximadamente 280 mil habitantes, segundo dados do último censo do IBGE.

Já em Uberaba, ele funda a Comunhão Espírita Cristã, localizada à Rua Eurípedes Barsanulfo, 215, na Vila Silva Campos, e passa a morar com Waldo Vieira. No ano seguinte, eles publicam o livro *Mecanismos da mediunidade*.

Anos depois, mais precisamente em 1965, em sua primeira missão internacional, viaja para os Estados Unidos com Waldo Vieira a fim de auxiliar os espíritas brasileiros lá residentes. Essa visita foi programada e orientada por Emmanuel e André Luiz, resultando na criação da fundação Christian Spirit Center, que tinha por objetivo difundir a doutrina espírita nos Estados Unidos.

Chico também parte com destino à Europa, onde encontra o estudo do Espiritismo e a prática mediúnica desenvolvidos principalmente na Inglaterra. Sua fama ultrapassa as fronteira do país, transformando-o no médium mais famoso do mundo.

Porém, Waldo não voltou da viagem. Foi para o Japão fazer pós-graduação em Medicina. Meses depois, voltou para arrumar suas malas e partir para o Rio, onde abriria um consultório. Waldo deixou o Espiritismo e fundou uma seita (ou ciência) batizada de Projectologia.

A parceria dos dois resultou em dezessete livros psicografados no período de 1958 a 1965.

Chico voltaria a psicografar sozinho, dando prosseguimento à obra e trazendo comunicações de diversos Espíritos.

Além de sua extensa obra, publicada por Centro Espírita União, Casa Editora, O Clarim, Edicel, Federação Espírita Brasileira, Federação Espírita do Estado de São Paulo, Federação Espírita do Rio Grande do Sul, Fundação Marieta Gaio, Grupo Espírita Emmanuel Editora, Comunhão Espírita Cristã, Instituto de Difusão Espírita, Instituto de Divulgação Espírita André Luiz, Livraria Allan Kardec Editora, Editora Pensamento e União Espírita Mineira, também se originaram muitos livros falando a respeito de Chico Xavier, por exemplo, *Chico Xavier, mediunidade e vida*, de Carlos Baccelli; *Pinga-fogo: entrevistas*, obra publicada pelo Instituto de Difusão Espírita; *Trinta anos com Chico Xavier*, de Clóvis Tavares; *No mundo de Chico Xavier*, de Elias Barbosa; *Lindos casos de Chico Xavier*, de Ramiro Gama; *40 anos no mundo da mediunidade*, de Roque Jacinto; *A psicografia ante os tribunais*, de Miguel Timponi; *Amor e sabedoria de Emmanuel*, de Clóvis Tavares; *Presença de Chico Xavier*, de Elias Barbosa; *Chico Xavier pede licença*, de Irmão Saulo; *Nosso amigo Xavier*, de Luciano Napoleão; *Chico Xavier: o santo dos nossos dias* e *O prisioneiro de Cristo*, de R.A. Ranieri; *Chico Xavier – mandato de amor*, da UEM; *As vidas de Chico Xavier*, de Marcel Souto Maior e *O homem que falava com espíritos*, de Luis Eduardo de Souza.

As psicografias de Chico foram objeto de estudo por parte de especialistas, em diversas oportunidades, para comprovar sua autenticidade. Um estudo feito pela Associação Médico-Espírita de São Paulo em torno das comunicações de Chico Xavier apresentou os seguintes resultados ao passar as assinaturas dos "mortos" por um exame grafotécnico:

- 52,5% das assinaturas eram idênticas;
- 22,5% eram semelhantes;
- 25% eram diferentes.

Em 95% dos casos, Chico Xavier não conhecia previamente o Espírito comunicante. Outro dado interessante é que a família reconheceu o estilo do Espírito enquanto encarnado em 100% dos casos.

Apesar de seu dom mediúnico mais conhecido ser a psicografia, ele também exercitou constantemente outras formas de mediunidade, como psicofonia, vidência, audiência, entre outras. Também realizava muitos fenômenos de efeitos físicos. Certa vez, perfumou a água que os assistentes traziam; outra vez, o ar. Contam algumas testemunhas que Chico, certa ocasião, foi rezar ao lado da cama de uma mulher muito doente e sem esperanças de vida. Enquanto o médium rezava, pétalas de rosas começaram a cair do teto sobre a doente. A mulher veio a falecer sem sofrimento, durante aquela madrugada. Algum tempo depois desse acontecimento, Emmanuel intercedeu junto a ele recomendando a suspensão dos trabalhos de efeitos físicos.

À medida que sua fama se propagava, surgiam histórias sobre poderes especiais que ele teria. Em diversas ocasiões, Chico foi obrigado a vir a público para desmentir histórias de que ele teria o poder de prever o futuro, fazer paralíticos andar, entre outras coisas.

Emmanuel e Chico fizeram um trabalho em que um se confundia com o outro, tal o grau de afinidade entre Chico e o seu guia espiritual. Em 1927, quatro anos antes de encontrar o médium, Emmanuel já havia mantido contato com a médium Carmem Perácio em uma reunião espírita realizada na Fazenda Maquine, local em que Chico tomou contato com o Espiritismo. Nesse contato, Emmanuel identificou-se a Carmem como amigo espiritual de Chico, relatando que esperava apenas o momento certo para iniciar a grande tarefa dos livros psicografados.

Conhecido como um Espírito de alta luminosidade, Emmanuel teria feito parte da chamada Falange do Espírito da Verdade, grupo de Espíritos que teria revelado a Kardec a doutrina espírita.

Seus livros dão um panorama do nascimento do Cristianismo, em especial *Paulo e Estevão*; *Ave, Cristo!* e *Renúncia*, estes baseados em episódios históricos reais. Já trabalhos como *Caminho, verdade e vida*,

Pão nosso, *Vinha de luz* e *Fonte viva* são considerados obras que possuem uma interpretação superior dos ensinamentos de Jesus.

Outras obras de destaque desse famoso Espírito são *A caminho da luz*, um relato da história da civilização de acordo com os ensinamentos do Espiritismo, e *Emmanuel*, livro composto de dissertações sobre ciência, religião e Filosofia.

Logo nos primeiros contatos, Chico questionou Emmanuel sobre sua identidade em vidas anteriores, mas o Espírito só revelou seu passado nos livros *Há 2000 anos* e *50 anos depois*.

Suas histórias terminaram por fascinar milhares de leitores e apresentaram-no como tendo encarnado diversas vezes na Terra na figura de personalidades bastante conhecidas, entre elas um senador romano chamado Públio Lêntulus Sura. Foi bisavô de Públio Lêntulus Cornélius, político romano, nascido no período terminal da República e contemporâneo de figuras históricas como Júlio César, Cícero e Catão.

Logo nos primeiros contatos, em 1931, Emmanuel travou um diálogo com Chico passando-lhe duas orientações básicas para o trabalho que deveria desempenhar e reforçando que, fora de qualquer uma delas, ele falharia em sua missão.

Segue a descrição da primeira conversa travada e narrada posteriormente por Chico Xavier:

> *– Está você realmente disposto a trabalhar na mediunidade com Jesus?*
>
> *– Sim, se os bons Espíritos não me abandonarem... – respondeu o médium.*
>
> *– Não será você desamparado – disse-lhe Emmanuel – mas para isso é preciso que você trabalhe, estude e se esforce no bem.*
>
> *– E o senhor acha que eu estou em condições de aceitar o compromisso? – tornou Chico.*
>
> *– Perfeitamente, desde que você procure respeitar os três pontos básicos para o serviço...*
>
> *Porque o protetor se calasse, o rapaz perguntou:*
>
> *– Qual é o primeiro?*
>
> *A resposta veio firme:*

– Disciplina.
– E o segundo?
– Disciplina.
– E o terceiro?
– Disciplina.

A segunda orientação de Emmanuel para o médium foi descrita por ele da seguinte maneira:

> *Lembro-me de que, em um dos primeiros contatos comigo, ele me preveniu que pretendia trabalhar ao meu lado, por tempo longo, mas que eu deveria, acima de tudo, procurar os ensinamentos de Jesus e as lições de Allan Kardec, e disse mais, que, se um dia, ele, Emmanuel, algo me aconselhasse que não estivesse de acordo com as palavras de Jesus e de Kardec, que eu devia permanecer com Jesus e Kardec, procurando esquecê-lo.*

Chico narra ainda que, após essas palavras, Emmanuel lhe disse que eles teriam uma tarefa para realizar e que esta consistia inicialmente na redação, por meio da psicografia, de trinta livros. Naquele momento, ele se surpreendeu e, de pronto, afirmou a Emmanuel que a publicação de trinta livros demandaria muito dinheiro, e a sua situação financeira era muito precária. Emmanuel disse-lhe que a publicação dos livros seria feita por caminhos que Chico não poderia imaginar.

A profecia se cumpriu. Ao enviar sua primeira obra, intitulada *Parnaso de além-túmulo*, para um dos diretores da Federação Espírita Brasileira, ele teve seu livro aprovado para publicação.

Em 1947, já havia concluído a série de trinta livros e questionou Emmanuel se o trabalho já estava cumprido. O Espírito respondeu que eles iniciariam uma nova série de trinta livros.

Em 1958, ele finalizou a nova série e questionou novamente se a tarefa já estava cumprida. Emmanuel respondeu-lhe que os mentores espirituais haviam determinado que eles deveriam cumprir a missão de trazer cem livros por meio da psicografia de Chico.

Quando cumpriu a tarefa, achou que já havia finalizado, e ao questionar o mentor sobre isso, recebeu a seguinte resposta:

> *Os mentores da Vida Superior expediram uma instrução que determina que a sua atual reencarnação será desapropriada, em benefício da divulgação dos princípios espírita-cristãos, permanecendo a sua existência, do ponto de vista físico, à disposição das entidades espirituais que possam colaborar na execução das mensagens e livros, enquanto o seu corpo se mostre apto para as nossas atividades.*

Chico entendeu que psicografaria livros em prol da divulgação da mensagem espírita-cristã durante toda a sua existência, tendo chegado aos 92 anos de idade com 451 livros publicados. Conseguiu conciliar seu trabalho no campo da mediunidade com as atividades que desenvolveu como operário de uma fábrica de tecidos, servente de fiação, servente de cozinha, caixeiro de armazém e inspetor agrícola.

Em 19 de maio de 1975, Chico Xavier, então trabalhador da Comunhão Espírita Cristã, decide que o Centro havia crescido tanto que não combinava mais com o trabalho simples que gostava de realizar e decidiu se desligar da Casa Espírita.

Ele funda o Grupo Espírita da Prece, em 18 de julho de 1975, em uma modesta casa, em que viveu e trabalhou até os seus últimos dias de vida.

Nos últimos anos e já com a saúde bastante prejudicada, Chico reduziu um pouco a quantidade de trabalho, passando a ser preservado do assédio dos milhares de pessoas que iam até Uberaba para vê-lo. A tarefa de preservá-lo coube a seu filho adotivo, Eurípedes Higino dos Reis, que selecionava apenas poucas pessoas para vê-lo pessoalmente. Por essa tarefa, Eurípedes Higino era muito criticado pelas pessoas que iam até Uberaba. Foram muitas as vezes em que ele foi acusado de cobrar "pedágio" para quem quisesse visitar Chico Xavier ou de privilegiar o acesso de pessoas famosas. Muitos consideravam que, na casa de Chico Xavier, residia um santo, Chico, e um diabo, Eurípedes.

É digno de nota que, mesmo sofrendo investigação pelo Ministério Público, nada foi encontrado que comprovasse que Eurípedes recebia dinheiro em nome de Chico Xavier.

Eurípedes Higino foi a pessoa que mais tempo permaneceu próxima ao médium. Apesar de Chico ter tido muitos amigos em vida, poucos tiveram a paciência de acompanhá-lo durante muito tempo, pois ele tinha uma vida de abnegação, e os amigos, de uma maneira ou de outra, acabavam tendo de participar dos trabalhos de caridade dele.

Antes de falecer, Chico teria combinado com Eurípedes Tahan Vieira, seu médico, com seu filho adotivo e com a enfermeira Katia Maria um código para que suas comunicações pudessem ser autenticadas e reconhecidas após o seu desencarne. Três informações deveriam constar da primeira mensagem enviada do Além. Ele revelaria um dos seus segredos mais bem-guardados: quem ele teria sido na última encarnação.

Seis meses após sua morte, o médium Carlos Baccelli escreveu *Na próxima dimensão*, pelo Espírito do médico Inácio Ferreira, ex-diretor clínico do Hospital Psiquiátrico Sanatório Espírita de Uberaba. Na obra, revelou que assistira à passagem de Chico e que este seria a reencarnação de Kardec.

Outra obra de Carlos Baccelli, batizada de *Fundação Emmanuel* e ditada pelo Espírito do Doutor Inácio Ferreira de Oliveira, ex-diretor do Hospital Psiquiátrico de Uberaba, narra o suposto encontro dele com Chico Xavier, em visita à Fundação, e reforça a condição de Chico como um Espírito altamente iluminado e que seria o mesmo que deu vida a Allan Kardec, para codificar a doutrina espírita.

O médium, que conviveu com ele durante anos e se tornou um de seus principais biógrafos, publicou ainda, após o desencarne de Chico, livros como *Chico Xavier responde*, em que, segundo ele, o Espírito de Chico Xavier fala sobre aspectos de sua personalidade como Allan Kardec e como Chico Xavier, afirmando, entre outras coisas, sentir-se mais Chico do que Kardec.

Esses livros causaram bastante polêmica no meio espírita e ainda são motivo de discussões acaloradas, mas certamente, pensar na união das duas personalidades em um mesmo Espírito seria certamente um desfecho inusitado e digno de todos os fenômenos extraordinários que Chico promoveu em vida.

Cronologia de Chico Xavier

1910 – Nasce em dois de abril na cidade mineira de Pedro Leopoldo, tendo como nome de batismo Francisco de Paula Cândido. É filho de João Cândido Xavier e de Maria João de Deus

1915 – Passa a morar com a sua madrinha, Maria Rita de Cássia, após a morte de sua mãe, Maria João de Deus.

1917 – Consegue livrar-se dos maus-tratos de sua madrinha, passando a morar com Cidália Batista, nova mulher de seu pai, que reúne todos os filhos do primeiro casamento de João Cândido.

1919 – Passa a trabalhar em uma fábrica de tecidos.

1923 – Conclui o curso primário.

1925 – Começa a trabalhar no armazém de José Felizardo Sobrinho, em Pedro Leopoldo.

1927 – Tem o primeiro contato com o Espiritismo, quando sua irmã fica doente e é levada para ser curada em uma casa espírita. Começa a participar ativamente do centro espírita Luíz Gonzaga, fundado por seu irmão José Xavier. Faz sua primeira psicografia.

1931 – Conversa pela primeira vez com seu mentor espiritual, Emmanuel. Escreve seu primeiro livro mediúnico, intitulado *Parnaso de além-túmulo*, uma coletânea de poemas assinados por grandes poetas brasileiros já falecidos: Castro Alves, Casimiro de Abreu e Augusto dos Anjos, entre outros.

1939 – Psicografa livros do escritor Humberto de Campos, morto em 1934, e lança o livro *Crônicas de além-túmulo*, com textos do escritor falecido.

1944 – É processado pela família de Humberto de Campos, que exige parte dos direitos autorais dos livros psicografados. A justiça decide em favor de Chico. Para evitar mais polêmica, Humberto de Campos passa a assinar com o pseudônimo de Irmão X. Publica o livro *Nosso Lar*, psicografado pelo Espírito André Luiz e que vende mais de 1,5 milhões de cópias.

1946 – Passa por problemas de saúde, vitimado pela tuberculose.

1960 – Publica o livro *Mecanismos da mediunidade*, em parceria com o médium Waldo Vieira.

1963 – Aposenta-se após trinta anos de trabalho como auxiliar de serviço e passa a intensificar o seu trabalho de assistência social junto da comunidade espírita de Uberaba.

1965 – Viaja para os Estados Unidos, visando a difundir o Espiritismo.

1972 – Dá uma entrevista a um programa na TV Tupi que dá picos de audiência, atingindo mais de 20 milhões de telespectadores.

1980 – É indicado para concorrer ao Prêmio Nobel da Paz de 1981.

1985 – Em julgamento histórico, João Francisco de Deus é inocentado da acusação de matar sua mulher. Sua defesa usa psicografias feitas por Chico Xavier e ditadas pelo Espírito Cleide, mulher de João, que nas mensagens, inocenta o marido da culpa.

1995 – Após um enfisema pulmonar, fica bastante debilitado e preso a uma cadeira de rodas.

1999 – Publica em vida seu último livro, intitulado *Escada de luz*.

2002 – Falece no dia 30 de junho, quando o país comemorava a conquista do pentacampeonato mundial de futebol.

2010 – É lançado um filme sobre sua vida, comemorando o centenário de seu nascimento, que é assistido por mais de 3 milhões de pessoas.

Apêndice 4
Biografia de Allan Kardec

"Nascer, Morrer, Renascer ainda e Progredir sem cessar, tal é a Lei."
Allan Kardec

Seu nome é Hippolyte Léon Denizard Rivail, mas ele se tornou mundialmente conhecido como Allan Kardec. Nascido em Lion, França, aos 3 de outubro de 1804, ele não tinha ideia do seu destino.

Chamado pelos espíritas de Codificador, Allan Kardec foi o primeiro pesquisador a estudar em detalhes os fenômenos ditos sobrenaturais batizados de "mesas girantes" que se realizavam por toda a Europa, a América e, em particular, a França.

Mas o resultado dessa pesquisa levou-o ao conhecimento de algo que jamais poderia supor, algo totalmente diferente do que sua visão de cientista esperava encontrar...

Dotado de notável inteligência, Hippolyte tornou-se, ainda muito jovem, bacharel em Letras e em Ciências. Falava corretamente alemão, inglês, italiano, espanhol e holandês.

Em seus estudos, teve influência do célebre professor Pestalozzi, do qual bem cedo se tornou um dos mais eminentes discípulos e colaborador.

Membro de várias sociedades sábias, publicou diversas obras, como *Curso prático e teórico de Aritmética* e *Gramática francesa clássica*, entre outras, as quais venderam muito e fizeram-no ganhar um bom dinheiro. Nessa época, Hippolyte tinha seu nome bastante conhecido e respeitado, muito antes de imortalizar o nome Allan Kardec.

Prosseguindo em sua carreira pedagógica, Hippolyte poderia viver feliz e tranquilo, com sua fortuna construída pelo trabalho, mas a sua missão o chamava a uma obra maior.

Foi em 1854 que ele ouviu falar nas mesas girantes pela primeira vez. Isso ocorreu durante uma conversa com o Sr. Fortier, magnetizador, com o qual mantinha relações em razão dos seus estudos sobre o magnetismo. Nessa conversa, o Sr. Fortier disse-lhe:

> *- Eis aqui uma coisa que é bem mais extraordinária: não somente se faz girar uma mesa, magnetizando-a, mas também se pode fazê-la falar. Interroga-se, e ela responde.*
> *– Isso, replicou Hippolyte, é outra questão; eu acreditarei quando vir e quando me tiverem provado que uma mesa tem cérebro para pensar, nervos para sentir, e que se pode tornar sonâmbula. Até lá, permita-me que não veja nisso senão uma fábula para provocar o sono.*

Tal era, a princípio, o estado de espírito de Hippolyte. Assim, ele se encontrou, muitas vezes, não negando coisa alguma, mas pedindo provas e querendo ver e observar para crer.

Nessa época de sua vida, de 1854 a 1856, um novo horizonte se apresenta. O nome Hippolyte Léon Denizard Rivail sai de cena para ceder lugar ao de Allan Kardec, que a fama levou ao mundo.

Eis, a seguir, como Allan Kardec revela as suas dúvidas, as suas hesitações e também a sua iniciação:

> *Eu me encontrava, pois, no ciclo de um fato inexplicado, contrário, na aparência, às leis da Natureza e que minha razão repelia. Nada*

tinha ainda visto nem observado; as experiências feitas em presença de pessoas honradas e dignas de fé me firmavam na possibilidade do efeito puramente material; mas a ideia de uma mesa falante não me entrava ainda no cérebro.

No ano seguinte, mais exatamente em 1855, ele encontrou o Sr. Carlotti, um grande amigo, que discorreu acerca desses fenômenos durante mais de uma hora, com o entusiasmo que ele punha em todas as ideias novas. "Ele foi o primeiro a falar-me da intervenção dos Espíritos, e contou-me tantas coisas surpreendentes que, longe de me convencerem, aumentaram as minhas dúvidas", relatou Kardec.

Pouco tempo depois, ele teve contato pela primeira vez com este fenômeno das mesas girantes. O relato dado por Kardec demonstra suas primeiras impressões:

> *Foi aí, pela primeira vez, que testemunhei o fenômeno das mesas girantes que saltavam e corriam, e isso em condições tais que a dúvida não era possível. Aí vi também alguns ensaios muito imperfeitos de escrita mediúnica com o auxílio de uma cesta. Minhas ideias estavam longe de se haver modificado, mas naquilo havia um fato que devia ter uma causa. Entrevi, sob essas aparentes futilidades e espécie de divertimento, que ali se fazia alguma coisa séria e que estava presenciando a revelação de uma nova lei, em que me prometi aprofundar. A ocasião se me ofereceu, e pude observar mais atentamente do que tinha podido fazer. Em um dos serões da Sra. Plainemaison, fiz conhecimento com a família Baudin, que se ofereceu para me permitir assistir às sessões que se efetuavam em sua casa, e às quais eu fui, desde esse momento, muito assíduo. Foi aí que fiz os meus primeiros estudos sérios em Espiritismo, menos ainda por efeito de revelações que por observação. Apliquei a essa nova ciência, como até então o tinha feito, o método da experimentação; nunca formulei teorias preconcebidas, observava atentamente, comparava, deduzia as consequências; dos efeitos procurava remontar às causas pela dedução, pelo encadeamento lógico dos fatos, não admitindo como válida uma explicação, senão quando ela podia resolver todas as dificuldades da questão.*

Desde o início, Kardec viu nesses fenômenos a solução do que havia procurado por toda a sua vida e entendeu que aquilo poderia revolucionar todas as ideias e crenças tidas até aquele momento. Kardec passou a observar esse fenômeno e, assim, descobriu o princípio de novas leis naturais que regem as relações entre o mundo visível e o mundo invisível.

Suas obras principais sobre a doutrina espírita foram: *O livro dos espíritos*, referente à parte filosófica e cuja primeira edição apareceu em 18 de abril de 1857; *O livro dos médiuns*, relativo à parte experimental e científica (janeiro de 1861); *O Evangelho segundo o Espiritismo*, referente à parte moral (abril de 1864); *O céu e o inferno ou a justiça de Deus segundo o Espiritismo* (agosto de 1865); *A gênese, os milagres e as predições* (janeiro de 1868); e *A revista espírita*, jornal de estudos psicológicos, periódico mensal criado em 1º de janeiro de 1858.

Ele também fundou, em Paris, em 1º de abril de 1858, a primeira sociedade espírita regularmente constituída, sob a denominação de Sociedade Parisiense de Estudos Espíritas.

Uma noite, Kardec recebeu de seu Espírito protetor uma comunicação na qual lhe dizia, entre outras coisas, tê-lo conhecido em uma precedente existência, quando, no tempo dos druidas, viviam juntos nas Gálias. Ele se chamava, então, Allan Kardec, e como a amizade que lhe havia devotado só fazia aumentar, prometia-lhe esse Espírito ajudá-lo na tarefa importante a que ele era chamado. No momento de publicar *O livro dos espíritos*, sua primeira obra sobre Espiritismo, o autor ficou muito embaraçado em resolver como o assinaria: com o seu nome de batismo ou com um pseudônimo. Sendo o seu nome muito conhecido no mundo científico, em virtude dos seus trabalhos anteriores, e podendo originar uma confusão, talvez mesmo prejudicar o êxito do empreendimento, ele optou por assinar com o nome de Allan Kardec, que segundo lhe revelara o guia, ele tivera no tempo dos druidas.

Os livros de Allan Kardec eram feitos a partir de entrevistas com os Espíritos, por intermédio de médiuns. Um dos momentos que mais impressionaram Kardec foi o primeiro contato com seu Espírito familiar.

Kardec estava em seu gabinete de trabalho quando ouviu ressoarem pancadas repetidas na madeira. No dia seguinte, na casa do Sr. Baudin, ele solicitou explicações aos Espíritos sobre o fenômeno:

Kardec – Ouvistes o fato que acabo de narrar; podereis dizer-me a causa dessas pancadas que se fizeram ouvir com tanta insistência?
Espíritos – Era o teu Espírito familiar.
K. – Com que fim, vinha ele bater assim?
E. – Queria comunicar-se contigo.
K. – Podereis dizer-me o que queria ele?
E. – Podes perguntar a ele mesmo, porque está aqui.
K. – Meu Espírito familiar, quem quer que sejais, agradeço-vos terdes vindo visitar-me. Quereis ter a bondade de dizer-me quem sois?
E. – Para ti chamar-me-ei a Verdade, e todos os meses, durante um quarto de hora, estarei aqui, à tua disposição.
K. – Ontem, quando batestes, enquanto eu trabalhava, tínheis alguma coisa de particular a dizer-me?
E. – O que eu tinha a dizer-te era sobre o trabalho que fazias; o que escrevias desagradava-me e eu queria fazer-te parar.
Nota – O que eu escrevia era precisamente relativo aos estudos que fazia sobre os Espíritos e suas manifestações.
K. – A vossa desaprovação versava sobre o capítulo que eu escrevia, ou sobre o conjunto do trabalho?
E. – Sobre o capítulo de ontem: faço-te juiz dele. Torna a lê-lo esta noite; reconhecer-lhe-ás os erros e os corrigirás.
K. – Eu mesmo não estava muito satisfeito com esse capítulo e o refiz hoje. Está melhor?
E. – Está melhor, mas não muito bom. Lê da terceira à trigésima linha e reconhecerás um grave erro.
K. – Rasguei o que tinha feito ontem.
E. – Não importa. Essa inutilização não impede que subsista o erro. Relê e verás.
K. – O nome de Verdade que tomais é uma alusão à verdade que procuro?
E. – Talvez, ou, pelo menos, é um guia que te há de auxiliar e proteger.
K. – Posso evocar-vos em minha casa?
E. – Sim, para que eu te assista pelo pensamento; mas, quanto a respostas escritas em tua casa, não será tão cedo que as poderás obter.
K. – Podeis vir mais frequentemente que todos os meses?

E. – Sim; mas não prometo senão uma vez por mês, até nova ordem.

K. – Animastes alguma personagem conhecida na Terra?

E. – Disse-te que para ti eu era a Verdade, o que da tua parte devia importar discrição; não saberás mais que isto.

De volta a casa, Allan Kardec apressou-se a reler o que escrevera e pôde verificar o grave erro que havia cometido.

Em 1861, o bispo de Barcelona ordenou que fossem queimadas trezentas obras espíritas em um auto de fé. Allan Kardec poderia promover uma ação diplomática e obrigar o governo espanhol a efetuar o retorno das obras. Os Espíritos, porém, o dissuadiram disso, dizendo que era preferível para a propaganda do Espiritismo deixar essa ação seguir o seu curso.

Assim, o bispo de Barcelona fez queimar em praça pública as obras incriminadas.

Uma multidão incalculável aglomerava-se e cobria a esplanada em que ardia a fogueira. Quando o fogo consumiu os trezentos volumes espíritas, o padre e os seus ajudantes se retiraram cobertos pelas maldições dos numerosos assistentes, que gritavam: "Abaixo a Inquisição!".

Trabalhador incansável, Allan Kardec faleceu aos 31 de março de 1869. Morreu conforme viveu: trabalhando. Sofria, desde longos anos, de uma enfermidade do coração, que só podia ser combatida por meio de repouso intelectual e pequena atividade física. Amélia Boudet, esposa de Allan Kardec, tinha 74 anos por ocasião da morte de seu esposo. Viveu até 1883, ano em que, aos 21 de janeiro, veio a falecer também, na idade de 89 anos, sem herdeiros diretos.

Referências

ARANTES, H. M. C. (Org.). *Notáveis reportagens com Chico Xavier.* Rio de Janeiro: Instituto de Difusão Espírita, 2002.

BACCELLI, C. A. *Chico e Emmanuel.* 4. ed. Uberaba: Didier, 2000.

__________. *Chico Xavier*: a reencarnação de Allan Kardec. São Paulo: LEEPP, 2003.

__________. *Chico Xavier*: mediunidade e coração. São Paulo: Ideal, 1985.

__________. *Chico Xavier*: o amigo dos animais. Uberaba: LEEP, 2008.

_________. *O Espiritismo em Uberaba*. Uberaba: Secretária de Educação e Cultura, 1987

_________. *O Evangelho de Chico Xavier*. 5ª ed. Uberaba: Didier, 2002.

BACELLI, C. A.; FERNANDES, O. *Mediunidade e apostolado*. Uberaba: Didier, 2003.

BACCELI, C. A.; FERREIRA, I. *Estudando o Nosso Lar*. 1. ed. Uberaba: LEEPP, 2009.

BACELLI, C. A.; XAVIER, F. C. *Chico Xavier responde*. Uberaba: LEEP, 2007.

BUENO, I. (Espíritos diversos). *Uma vida de amor e caridade*. 2. ed. Minas Gerais: Espírita Cristã Fonte Viva, 1998.

GALVEZ, N. *Até sempre Chico Xavier*. São Paulo: Centro Espírita União, 2008.

GAMA, R. *Lindos casos de Chico Xavier*. São Paulo: Lake, 2002.

JACINTHO, R. *40 anos no mundo da mediunidade*. São Paulo: Departamento Editorial Luz no Lar, 1991.

KARDEC, A. *O Evangelho segundo o Espiritismo*. 296. ed. Araras: IDE, 2004.

_________. *A Gênese*. 52. ed. Araras: IDE, 2008.

_________. *O livro dos espíritos*. 149. ed. Araras: IDE, 2004.

_________. *O que é Espiritismo*. 57. ed. Araras: IDE, edição, 2004.

NAPOLEÃO, L. da C. e S. *Chico Xavier, o mineiro do século*. Minas Gerais: Lachatre, 2001.

__________. *Nosso amigo Xavier*. Minas Gerais: Napoleão, 1987.

PEREIRA, I. *Fundação Emmanuel*. Uberaba: LEEP, 2006.

PIRES, J. H. (Irmão Saulo). *Chico Xavier pede licença*. São Bernardo do Campo: Grupo Espírita Emmanuel, 1980.

RANIERI, R. A. *Chico Xavier*: o santo dos nossos dias. Rio de Janeiro: Eco, 1988.

__________. *Materializações luminosas*. São Paulo: FEESP, 1989.

SCHUBERT, S. C. *Testemunhos de Chico Xavier*. Brasília: FEB, 1986.

SILVEIRA, A. *Chico, de Francisco*. São Paulo: Cultura Espírita União, 1987.

SOUTO MAIOR, M. *As vidas de Chico Xavier*. São Paulo: Planeta do Brasil, 2003.

__________. *Por trás do véu de Ísis*: uma investigação sobre a comunicação entre vivos e mortos. São Paulo: Planeta do Brasil, 2004.

SOUZA, C. C. de. *Encontros com Chico Xavier*. Uberaba: Centro Espírita Aurélio Agostinho, 2001.

TAVARES, C. *Trinta anos com Chico Xavier*. 4. ed. Araras: Ideal, 1987.

TIMPONI, M. *A psicografia ante os tribunais*. Rio de Janeiro: FEB, 1959.

XAVIER, F. C. *À sombra do abacateiro*. São Paulo: Ideal,1986.

__________. [Ditado por André Luiz]. *Cidade no além*. 33.ed. Araras: IDE, 2007.

__________. [Ditado por André Luiz]. *E a Vida Continua*. 19. ed. Rio de Janeiro: FEB. 1992

__________. [Ditado por André Luiz]. *Entre o Céu e a Terra*. 14. ed. Rio de Janeiro: FEB. 1992

__________. [Ditado por André Luiz]. *Libertação*. 30. ed. Rio de Janeiro: FEB.2007

__________. *Mãos unidas*. 20. ed. São Paulo: IDE, 1996.

__________. *Mediunidade e luz*. São Paulo: Ideal, 1989.

__________. [Ditado por André Luiz]. *Missionários da luz*. 23.ed. Rio de Janeiro: FEB, 1991.

__________. [Ditado por André Luiz]. *Nos Domínios da Mediunidade*. 21. ed. Rio de Janeiro: FEB. 1993

__________. [Ditado por André Luiz]. *Nosso Lar*. 55. ed. Rio de Janeiro: FEB, 2005.

__________. [Ditado por André Luiz]. *No Mundo Maior*. 17.ed. Rio de Janeiro: FEB, 1991.

__________. [Ditado por André Luiz]. *Obreiros da Vida Eterna*. 28.ed. Rio de Janeiro: FEB, 2003.

__________. [Ditado por André Luiz]. *Os Mensageiros*. 45. ed. Rio de Janeiro: FEB, 2007.

_________. *Parnaso de além-túmulo (poesias mediúnicas)*. Rio de Janeiro: FEB, 1978.

_________. *Sinal verde*. Minas Gerais: Comunhão Espírita Cristã, 1971.

XAVIER, F. C.; VIEIRA. [Ditado por André Luiz]. *Sexo e Destino*. 16.ed. Rio de Janeiro: FEB, 1993.

_________. *Desobsessão*. 14.ed. Rio de Janeiro: FEB, 1993.

_________. [Ditado por André Luiz]. *Evolução em Dois Mundos*. 13. ed. Rio de Janeiro: FEB, 1993.

_________. *Mecanismos da Mediunidade*. 12. ed. Rio de Janeiro: FEB, 1991.

Conheça outros títulos relacionados

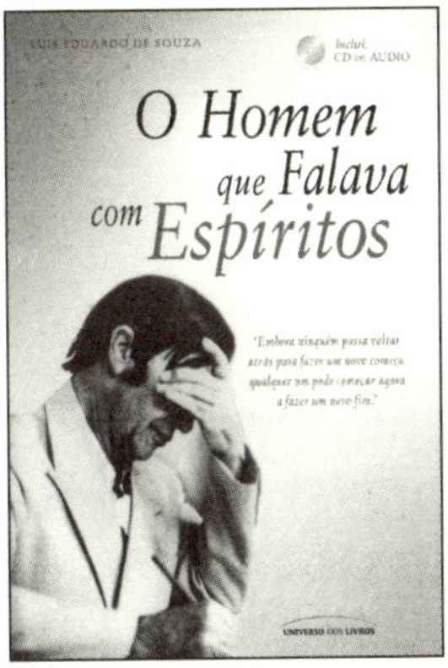

O Homem que Falava com Espíritos

Luis Eduardo de Souza

2010 é o ano do centenário de nascimento de Chico Xavier. Para celebrar a data, vários eventos foram realizados em todo o país. O principal deles foi o lançamento, em circuito nacional, do filme sobre a vida de Chico Xavier. Produção da Globo Filmes e dirigido por Daniel Filho, o filme estrelado por Tony Ramos, Nelson Xavier, Angelo Antonio, Christiane Torloni, entre outros, foi um grande sucesso de público.

O livro *O Homem que falava com Espíritos* é mais um ingrediente para celebrar os ensinamentos deste grande médium. Trata-se de um livro, escrito pelo jornalista Luis Eduardo de Souza, estudioso do Espiritismo há 15 anos, e que, desde o início do milênio, vem pesquisando sobre a vida de Chico Xavier. Essas pesquisas resultaram na publicação de diversas revistas sobre o assunto e do livro *O Mestre Chico Xavier* com mais de 12 mil exemplares vendidos, lançado em 2006.

Assim o livro atinge em cheio os mais de 30 milhões de simpatizantes do Espiritismo, que terão acesso a uma obra que combina trabalho jornalístico apurado e conhecimento teórico que o autor possui sobre a doutrina Espírita, o que possibilita ao autor explicar os fenômenos envolvendo Chico de tal maneira que mesmo os leigos no assunto possam entendê-lo facilmente.

O livro ainda possui um grande diferencial: vem acompanhado de um CD de áudio com a narração de ensinamentos trazidos por Chico Xavier durante a sua vida.